LA SEMILLA ESTERIL

THE STERILE SEED

JOSE Z. TALLET

LA SEMILLA ESTERIL

Edición bilingüe

CEFATEX INTERNATIONAL
Miami, Florida

JOSE Z. TALLET

THE STERILE SEED

Bilingual Edition

Translated from Spanish by the author

CEFATEX INTERNATIONAL
Miami, Florida

Copyright © 2005 by Jorge A. Tallet and Leticia T. Forbes
Editors: Jorge A. Tallet and Leticia T. Forbes

All rights reserved

Library of Congress Control Number: 2004094062

ISBN 0-9656232-8-9

No part of this book may be reproduced in any manner without the written permission from the publisher, except in brief quotations used in articles or reviews.

For information contact:
Cefatex International
P.O. Box 144311
Coral Gables, FL 33114-4311
USA

Email: cefatex@aol.com

Printed in the United States of America

CONTENIDO

CONTENTS

INTRODUCTION	xiii
PALABRAS INICIALES	1
FOREWORD	3
LIMEN	6
LIMEN	7
La semilla estéril	8
The Sterile Seed	9
VULGARIA	12
VULGARIA	13
Psichozoomachia	14
Psychozoomachia	15

Savoir vivre	18
Savoir vivre	19
Mi coraza	20
My Cuirass	21
Y a pesar...	24
And Yet...	25
Desiderátum	30
Desideratum	31
Oración	36
Prayer	37
Confesión treinteña	40
Confession at Thirty	41
Poema de la vida cotidiana	48
Poem of Everyday Life	49
LOS ANGELES MUDOS	**58**
THE MUTE ANGELS	**59**
El filón de oro	60
The Golden Lode	61
La mariposa loca	64
The Crazy Butterfly	65
Fábula del agua y el aceite	68
Fable of the Water and the Oil	69
El esfuerzo	76
The Effort	77
Pax religiosa	78
Pax religiosa	79

LLUVIA MERIDIANA	84
MIDDAY DRIZZLE	85
Elegía diferente	86
A Different Elegy	87
Semejanza	92
Similarity	93
Contraste	96
Contrast	97
Menuda vieja	98
Little Old Woman	99
Remembranzas	106
Remembrances	107
Sed lux in tenebris lucebit	114
Sed lux in tenebris lucebit	115
RESONANCIAS	118
RESONANCES	119
Exhortación al iconoclasta	120
Exhortation to the Iconoclast	121
Tercetos patrios	128
Patriotic Tercets	129
Vuelo austral de águilas	136
Austral Flight of Eagles	137
El equilibrista	140
The Equilibrist	141
La balada del pan	146
Ballad of the Bread	147
Simpatizantes	156
Fellow–Travelers	157

LOS TRILLOS INEVITABLES	162
THE UNAVOIDABLE TRAILS	163
Persistencia	164
Persistence	165
Posibilidades	172
Possibilities	173
Suposición espírita	180
A Spiritualist Supposition	181
Diferencia	184
A Difference	185
Ferroviaria	188
Railroad	189
Visión remota	190
Far Off Vision	191
Taedium carnis	192
Taedium carnis	193
Estrofas azules	198
Blue Stanzas	199
Perro huevero	204
Egg–sucking Dog	205
Memento	208
Memento	209
KALEIDOSCOPIO	212
KALEIDOSCOPE	213
La rumba	214
The Rumba	215
El poema de la ciudad letárgica	222
Poem of the Lethargic City	223

Avatares 232
Avatars 233

Negro ripiera 242
No–Account Nigger 243

DE LA HONDA A LA ONDA 250
FROM THE SLING TO THE RIPPLE 251

En el banco de la paciencia 252
On the Bench of Patience 253

Una interrogación 256
A Query 257

Si yo pudiera... 262
If I Could Only... 263

Un rugido 266
A Roar 267

Introspección 270
Introspection 271

Canto del fracaso 276
The Failure Song 277

LA PALABRA INUTIL 282
THE USELESS WORD 283

Yo poeta... 284
I, a Poet... 285

Y me hice poeta... 292
And I Became a Poet... 293

Arte poética 302
Poetical Art 303

Proclama 312
Proclamation 313

BRUMAS SOBRE EL LAGO	320
MIST OVER THE LAKE	321
Tristitia caducitatis	322
Tristitia caducitatis	323
Ella...	326
She...	327
¿Quién sabe?	330
Who knows?	331
El sol morirá...	336
The Sun Will Die...	337
Tarde o temprano	342
Sooner or Later	343
EXITUS	346
EXITUS	347
Y ya basta...	348
And That's Enough...	349
NOTAS	351
NOTES	357
BIBLIOGRAFIA–BIBLIOGRAPHY	365

INTRODUCTION

   This bilingual edition of major Cuban poet José Zacarías Tallet's principal book, *La semilla estéril* (*The Sterile Seed*), is an attempt to bridge the gulf between the literary coteries that have always admired his work and a wider public that is undeservedly ignorant of it, particularly those English–speaking readers who are interested in Hispanic poetry.
   Since he began to be published in the 1920's, José Z. Tallet has been known to intellectual circles in several countries as one of the most remarkable Spanish American poets. His poetry has appeared in numerous anthologies and has been a subject of university courses and mentioned in literary history texts. Some of it has been translated into different languages, but this English version of *La semilla estéril* was done by the author himself, who grew up in New York.
   One is tempted to say that Tallet is a school unto himself. Perhaps the most salient feature of his work is the contrasting juxtaposition of deliberate prosaism and the highest form of poetic expression. Through the use of local, familiar, everyday themes interspersed with off–handed displays of erudition, he delves into the deepest questions and disquietudes of man. And, always, the poet's persistent irony —mostly

self-directed— is couched in a pervasive and delicate sensitiveness.

The informal tone of Tallet's production was eventually recognized as a stamp of the newer Latin American literature, almost half a century after he unwittingly began his poetic career as a harbinger of things still long in coming.

Beyond his subjective pessimism, Tallet reached out with gusto into the popular soul of his native Cuba, in both its social and artistic aspects. His only true Afro-Cuban poem, *La rumba* (*The Rumba*), reflected in unmistakable terms his mastery of versification. A pioneer in the new epoch of the genre, this sole poem inspired other poets who later devoted themselves to the Afro style.

The Editors

PALABRAS INICIALES

Primera edición, 1951

Sale por fin a la luz *La semilla estéril*, colección de poemas, escritos hace muchos años y publicada la mayor parte de ellos, acá y acullá, a lo largo de tres lustros, distantes casi otro tanto.

En más de una ocasión estuve tentado de arrojar al fuego esos poemas por no estar muy seguro de que lo fueran, e insatisfecho hoy de lo hecho ayer. Pereza o amor paternal salvaron el manojo de *La semilla estéril*, con podas y adiciones desde 1926, en que se la anunció por vez primera, hasta 1939, fecha de los últimos versos que entraron en la colección de mi 'lírica escasa', porque versos sí son, buenos o malos.

El libro tiene la unidad ideológica de conjunto de esa época de mi vida y no más acá. Los pocos destellos de optimismo que se advierten en él hanse extinguido en crueles decepciones. Expectaciones de ayer trocáronse en contrahechas realidades, en inicuos fraudes. Hoy... ni expresar puedo con 'mi lirismo chabacano' lo que llevo adentro. No vale la pena tampoco.

Yo nunca fui un poeta profesional sino un hombre como

otro cualquiera que, de vez en vez, hacía versos para purgarse el espíritu y daba en ellos un poco o un mucho de sí —de lo mejor o de lo peor de sí—. Y como cuatro gatos se empeñaron en que algo significaban en el momento literario que me tocó vivir, y no son gatos de tejado, accedo a la honrosa solicitación oficial y los doy a mi país para que los edite, ahorrándoles así a deudos o amigos la piadosa y penosa tarea de recogerlos e imprimirlos después de mi tránsito inevitable —que por ley natural no debe andar muy lejos ya— y cumplir así con el 'recordado ausente'.

En otro tiempo, lo confieso paladinamente, de haber poseído los medios para ello, publicáralos yo mismo con fruición; mas, a las posibilidades que trajeron los años prósperos, acompañó un desgano creciente de darlos a la estampa en forma de libro, que desembocó en la indiferencia de hoy. Ya en la recta final, de vuelta de todos los caminos, sin fe casi en nada y apenas —pues todavía vivo— sin un vislumbre de esperanza, me da lo mismo; como me es igual que gusten o no gusten.

Pensé otrora segundar *la semilla estéril*, andando el tiempo, con *la semilla fecunda*, soñada obra de madurez y letífica expresión de logrados anhelos. La vida no quiso que así fuera. La semilla siguió estéril, el campo yermo, y ahí queda eso —bueno o malo, o ni malo ni bueno, que sería peor—. 'Yo no puedo más', como dijo el loco de La Mancha.

J. Z. T.

FOREWORD

First Edition, 1951

The Sterile Seed has finally seen the light of day— a collection of poems written many years ago, most of them published separately, here and there, throughout three lustra, a period almost as long gone by.

More than once I was tempted to throw these poems into the fire, not being quite sure that they were really such, and being dissatisfied today with the work done yesterday. Laziness or paternal love saved this handful, *The Sterile Seed*, with trimmings and additions from 1926, the year when its existence was first announced, to 1939, date of the last verses that entered the collection of my 'scant poetry'; because verses they are, good or bad.

The book has an overall ideological unity pertaining to that period of my life, and not beyond. The few flashes of optimism to be noticed in it have been extinguished in cruel disappointments. Yesterday's expectations turned into distorted realities, into iniquitous frauds. Today... I am not even able to express with 'my homely lyricism' what I have inside me. The effort is not worthwhile, either.

I was never a professional poet, but a man, like any other,

who once in a while made verses to purge his spirit, and who poured in them a little or a great deal of himself —of the better or the worse part of himself—. And since a few people insisted that those verses meant something to the literary moment in which it was my lot to live, and they are not an unworthy bunch, I agree to the petition which honors me officially. I therefore give these poems to my country for publication, thus sparing relatives or friends the pious and painful task of gathering and printing them after my inevitable passing —which by natural law shouldn't be very far-off by now— and properly fulfilling their obligations to the 'well remembered absent one'.

In times past, I frankly confess, had I had the means, I would have relished publishing them myself; but with the possibilities brought by prosperous years there came an increasing disinclination to publish them as a book that led to today's indifference. Already well into the home stretch, on the return trip from everywhere, with almost no faith in anything and scarcely —as I am still alive— with a glimpse of hope, I could not care less; just as it makes no difference to me whether my poems are liked or not.

Once I thought of following *the sterile seed*, given time, with *the fecund seed*, a work of ripeness, the joyful expression of fulfilled yearnings, about which I had dreamed. Life did not wish it to be. The seed remained sterile, the field a waste, and here is this— good or bad, or, worse, neither bad nor good. 'I cannot go on', as the madman from La Mancha said.

J. Z. T.

LIMEN

Lasciate ogni speranza...
Dante Alighieri

LIMEN

Lasciate ogni speranza...
Dante Alighieri

LA SEMILLA ESTERIL

El sembrador, mozuelo rebosante de dicha,
en el alba inefable, al huerto de la vida
salió a sembrar. Andaba con andar presuroso
y una extraña sonrisa le iluminaba el rostro.

Llevaba su dorada simiente en áureo cesto
que sostenía firme contra el costado izquierdo;
y así, cuando arrojaba un montón de semillas,
del corazón tomarlas talmente parecía.

Sembró, sembró sin tregua todo su extenso campo,
sembrando día y noche, en tanto que los pájaros,
desde el bosque lindante, con sus diversos trinos
—amigos generosos— regalaban su oído.

Y mientras que sembraba su dorada simiente
la regaba gustoso con sudor de su frente.

Cuando hubo sembrado todo su campo extenso
dio un grito de alegría y, rompiendo su cesto,
se reclinó en la tierra —merecido descanso
después de su continuo, fatigoso trabajo—
para aguardar paciente la ansiada primavera
en que le fuera dado recoger su cosecha.

THE STERILE SEED

The sower, a stripling full of happiness,
at the ineffable dawn in the orchard of life went out to sow.
He walked with a brisk gait
and a strange smile lightened his face.

He carried his golden seed in a gilded basket
which he firmly held against his left side,
and so, as he spread a handful of seeds
it just seemed that he took them from his heart.

He sowed, he sowed tirelessly all his spacious field,
sowing day and night, while the birds
from the bordering forest with their various songs
—generous friends— regaled his ears.

And while he sowed his golden seed,
he watered it joyfully with the sweat of his brow.

When he had finished sowing all his spacious field
he gave a shout of joy and, breaking his basket,
he lay down on the ground —a deserved rest
after his incessant, wearisome toil—
patiently to await the longed–for spring
when he would be able to reap his harvest.

Vinieron las escarchas, emigraron las aves;
en el bosque, sin hojas se quedaron los árboles;
y llegaron las brumas, la nieve y la furiosa
desolación del viento.   Pasaron las auroras...

Volvió la primavera, las aves retornaron,
y en la siembra ni un grano había germinado;
y era la tierra sólo árido yermo donde
alguno que otro cardo iniciaba su brote.

Afligido el mancebo le dio la vuelta al campo
regando nuevamente la siembra con su llanto.
Y tal era su angustia y tal su desconsuelo
que, apenadas, las aves su canto enmudecieron.

Una vez más tumbose el sembrador iluso
a esperar el momento de recoger su fruto.
Vio pasar siete veces la ansiada primavera,
y en vano siete veces esperó su cosecha...

... y solamente un yermo era su extenso campo,
interrumpido a trechos por uno que otro cardo...

El sembrador alzose, y se fue, poco a poco,
y una extraña sonrisa le ensombrecía el rostro.

The frost came, the birds migrated,
in the forest the trees lost their leaves,
and the mist, the snow and the desolate
fury of the wind arrived.
                    The dawns passed away...

Spring returned, the birds came back,
and in the sown field not a grain had sprouted;
and the land was only an arid waste where
here and there a thistle started to grow.

The stripling full of sorrow went around the field,
watering anew the sown ground with his tears,
and such was his anguish and such his affliction
that, grieving for him, the birds stopped their song.

Once more the deluded sower stretched on the ground
to wait for the moment of reaping his harvest.
Seven times he saw the return of the longed-for spring
and vainly seven times he hoped for his crop...

... and his spacious field was nothing but a wilderness
interrupted here and there by a few thistles...

The sower got on his feet and went slowly away,
and a strange smile darkened his face.

VULGARIA

¡Qué cotidiana es la vida!
Jules Laforgue

VULGARIA

Life is so daily...
Jules Laforgue

PSICHOZOOMACHIA

Yo soy un raro injerto de sapo y de paloma,
con algo de serpiente, con algo de león;
un poco de libélula, un mucho de carnero,
cuatro pelos de gato y de cisne un plumón.

Canta el cisne su canto
con acentos de llanto;
pero astuta y prudente
lo calla la serpiente.

Intenta la libélula volar a la región
soñada en que presiente la flor de la ilusión;
mas el sapo la arrastra al fondo tenebroso
del pozo donde habita en légamo viscoso.

La tímida paloma, nostálgica de amores,
insinúa el arrullo que dice sus dolores;
empero el gato hipócrita, sensible a la caricia,
con sangre de paloma aplaca su sevicia.

Alza el león la testa y ruge entusiasmado,
e inicia a ratos gestos de león indignado.
¡El pobre! Es de la raza del mísero león
que, airoso, en el desierto cazó el de Tarascón,

PSYCHOZOOMACHIA

I am a queer mixture of a toad and a dove,
with a part of a serpent, with something of a lion;
a bit of a dragonfly, a great deal of a sheep,
a few hairs from a tomcat, and a plume from a swan.

>The swan sings its song
>in a plaintive tone,
>but the sly, cunning serpent
>quashes its note.

The dragonfly tries soaring aloft
to the place where it dreams illusion may flower;
but the toad drags it down to the depths of the well
where it lives in mud and slime.

The shy, lovesick dove starts a grief–stricken cooing,
but the hypocritical cat, sensitive to caress,
assuages its cruelty
with the blood of the dove.

The lion rears its head and eagerly roars,
and at times it begins an indignant lion's gesture.
Poor fellow! It is kin to the miserable lion
that the Tarascon hunter gaily chased in the desert,

y le basta el balido odioso del carnero
para templar su saña y hacerse menos fiero.

En veces todos juntos con grande algarabía
a un tiempo se combaten por lograr primacía;
y mientras que sin tregua se persiguen y acosan,
fibra a fibra arrancándome, sin piedad me destrozan.

Y en este pandemónium de mi ideal *zooteca*
noto con impotente, muda resignación,
que al fin y al cabo siempre, siempre triunfa el carnero,
¡el faniliar carnero que hay en mi corazón!

and the hateful bleat of the sheep is enough
to temper its fury and render it less fierce.

At times all together, amid great uproar,
each of these struggles to gain total power;
and while trucelessly they chase and harass each other,
they merciless shatter my being
on tearing fiber after fiber off me.

And in this pandemonium of my ideal *zootheca*
I notice with powerless, mute resignation,
that always the tame sheep triumphs at last,
the familiar old sheep that dwells in my heart!

SAVOIR VIVRE

Hay que saber mirar al sol de frente,
y ante la horca caudina, claudicar,
y autohistoriar para el ajeno pasmo,
y hay que saber los dientes enseñar.

Mas si la luz del sol es muy candente
y la testa no quiere se abatir,
y no despierta el prójimo entusiasmo,
¡hay que aprender a dormir!

SAVOIR VIVRE

You have to learn how to stare the sun face to face,
and before the Caudine Forks you must learn how to bow
                                                [your head,
and you have to know how to tell your own story to the
                                             [wonder of others,
and you have to know how to show your teeth.

But if the sunlight is too scorching,
and your head will not humble itself,
and you cannot wake enthusiasm in your fellowmen,
then you must learn to sleep!

MI CORAZA

Yo era bueno, tan bueno que parecía bobo,
mas mi fragua penaba por devorarlo todo.

Por que no se extinguiera,
alimenté su llama con ideas ajenas
que produjeron chispas de ensueño
y el humo denso del pensamiento.

Las chispas
brillaban un momento, ¡al cabo chispas!,
pero el humo denso
llenó de hollín la chimenea de mi cerebro.

Cayó la lluvia de la vida,
arrastrando el hollín hasta mi pecho;
y el hollín y la lluvia se volvieron cieno;
y ya no fui tan bobo que pareciese bueno.

Después sopló la brisa de la experiencia
que, endureciendo aquel cieno,
rodeó mi corazón de una corteza
más dura que el cemento.

MY CUIRASS

I used to be a good boy, so good that I looked like a dolt.
But my forge craved to devour all.

That its fire might not be extinguished
I fed its flames with the ideas of others
which yielded sparks of revery
and the dense smoke of thought.

The sparks
shone for a moment —after all, just sparks!—
but the dense smoke
filled with soot the stack of my brain.

The rain of life fell,
washing down the soot to my chest,
and the soot with the rain became mud;
and then I wasn't so dolt as to look like a good boy.

Thereafter the breeze of experience blew
and, hardening the mud,
surrounded my heart with a crust
harder than cement.

Y así fue cómo
ya no soy tan bueno que parezca bobo.

And that's how
I'm not now so good as to look like a dolt.

Y A PESAR...

Yo vivo interesado en más de cuatro cosas...
(cosas del más allá,
cosas del más acá).
Por igual me preocupa el candor de las rosas
que lo que al fin será
de mí después de muerto.
Y me paso las horas abismado en un tomo profundo
puerilmente tratando de quitar al misterio su negro antifaz,
para estar en lo cierto
de si procedemos del mono o de Adán...
(tal vez vengamos de los dos);
o —tópico vulgar— si fue Dios quien hizo al mundo
o fue el mundo quien hizo a Dios.

Tanto me obsede la clarividencia de los ignorantes,
la enorme, recóndita, inerme fuerza del inerte,
la débil, podrida, vetusta potencia del fuerte,
como los deportes, las fiestas galantes,
la guerra, la paz,
y la envidia sórdida de mis semejantes...

También la conquista del pan,
del techo y de la ropa y los zapatos,

AND YET...

I live concerned with more than a few things.
(Things pertaining to the hereafter,
things pertaining to here and now.)
I worry about the candor of roses
just as I worry about
what will become of me after death.
And I spend many hours engrossed in a deep book
childishly trying to take its black mask off the face of
[mystery
and to find out for sure
whether we come from an ape or from Adam...
(perhaps we come from both)
or —vulgar topic— whether God created the world
or the world created God.

I am obsessed as much by the clairvoyance of the ignorant,
by the enormous, recondite, unarmed strength of the inert,
by the weak, rotten, ancient power of the strong,
as by sports, by gallant fetes,
by war and peace,
and the sordid envy of my fellowmen...

The conquest of bread,
and that of a roof and clothes and shoes,

del buen funcionamiento de mi fisiología
y de un futuro cómodo, influyente, envidiable,
ocupa y preocupa mis mejores ratos.

¡Qué cortos la noche y el día
para la conquista de los cognoscible
y el conocimiento de lo conquistable!
¡Qué estúpidamente trágico y risible
dejar la existencia
sin morder en el fruto del árbol fatal de la ciencia!

¡Oh, las agonías del que ve la meta
y sabe que nunca llegará: poeta!
Romero en inútil, azaroso viaje,
que amas la falacia bella del miraje,
¡tu grandeza enorme te angustia y aterra,
porque al par te sientes hijo de la tierra!

Y a pesar... si supiera
que eran mías tus lágrimas (supuesto que al viaje sin vuelta
[partiera),
con júbilo inmenso
y sin titubeo marchaba hacia el fin;
porque pienso
como dijo en versos, bellos y egoístas de ayer Agustín
Acosta: '¡Qué delicia la de acabar la vida
sabiendo eterno el llanto de una mujer querida...!'

Si me fuera dado alcanzar tal suerte
al ingente precio de aceptar la muerte...
Entonces, pues...
entonces uno de tus besos;
uno solo, de ësos
muy largos, muy largos, después...:

'*Requiescat in pace,*
aquí yace
quien fue,

and the good functioning of my physiology,
and of a comfortable, influential, enviable future,
also occupy and trouble the best of my time.

How short night and day
for the conquering of the knowable
and the knowledge of the conquerable!
How stupidly tragic and ludicrous
to leave life
without biting the fruit of the fatal tree of Science!
Alas, the agonies of he who sees the goal
and knows he will never reach it— a poet!
Pilgrim in a pointless, hazardous journey
who loves the beautiful fallacy of the mirage,
your enormous grandeur afflicts and frightens you
because you feel that you are also a son of the earth!
And yet... if I knew
your tears were mine
(supposing on the journey of no return I were to depart),
with immense joy
and without hesitation towards the End I'd depart,
because I think
like Agustín Acosta once said
in beautiful, selfish verses:
'What a delight to finish up one's life
knowing that the tears of a beloved woman will be
                              [eternal...!'

If I were granted that kind of luck
at the huge price of accepting death,
then, well...
then one of your kisses,
just one of those long, long kisses,
and then...:

'*Requiescat in pace*,
here lies
he who was

de los locos, el loco
más loco:
Tallet.'

of all madmen
the maddest madman:
Tallet.'

DESIDERATUM

Desde que el piernituerto
más ilustre, don Francisco de Quevedo,
dijo lo de 'madre, yo al oro me humillo',
¡cuánto en el orbe ha llovido!

Sin embargo,
a pesar de la doctrina comunista
que, platónicamente, comparto,
hoy más que nunca el crísico
metal que los hipócritas
llaman vil cuando brilla por su ausencia,
sigue siendo lo mismo
que en el clásico tiempo de la gola:
el monarca absoluto de la tierra.

Yo lo adoro —¿quién no?— pues, de tenerlo,
mi propio talento,
del cual, a ratos, felizmente dudo,
fuera algo cierto para todo el mundo.

Yo lo adoro porque él me haría bueno,
él me haría culto,
él me haría Don Juan aunque fuese un caduco
pescador de cañita,

DESIDERATUM

Ever since the most illustrious
crookleg, Don Francisco de Quevedo,
said that business about— 'mother, I bow low before gold',
how much rain has fallen on the world!

However,
in spite of the communist doctrine
that I platonically share,
nowadays more than ever the chrysic
metal that the hypocrites
call vile when it is conspicuously absent,
still remains the same
as in the classic time of the ruffs:
absolute monarch of the earth.

I adore it —who doesn't?— since, if I possessed it,
my own talents,
of which sometimes I happily doubt,
would be something certain for everybody.

I adore it because it would make me good,
it would make me learned,
it would make me a Don Juan
even though I were a senile angler,

y patriota sin mancha aunque, blasfemo,
vendiera los restos de José Martí;
él me compraría la Dicha y las dichas,
la gloria de allá arriba
y, naturalmente, la gloria de aquí.

Hoy me explico las diáfanas palabras
de mi amigo —un enorme poeta
glorioso y notorio— que me dijo un día:
'Por veinte mil pesos vendiera mi fama.'
Entonces yo era
un novato en la escuela de la vida
que creía en la gloria y la justicia,
y su extraña frase
cayó en mi alma como un cubo de agua fría.

Hoy lo comprendo bien —quizás muy tarde—
cuando el más ligero conato de fama futura
gustoso a mi vez cambiaría
por un par de millares de pesos
que, desesperada, vanamente busca
mi hambre de paz y de besos...
(¿No es verdad que es barata mi dicha?)
¡Cuántos que mis buenos amigos se dicen,
en forma de garbanzo de diamante
la llevan consigo en su dedo meñique!

No obstante,
aunque tal vez su vida por salvarme
de algún peligro grave
gustosos dieran, y de verme muerto,
por su actitud inconsolable,
harían el mejor de sus agostos
los vendedores de pañuelos;
si algo les insinúo tímidamente
sobre el valor extrínseco de sus adornos,
—suecos o inconscientes—
la alusión no cuaja;

and a blameless patriot even if I, sacrilegiously,
would sell the remains of José Martí;
it would buy me Happiness and happinesses,
glory in the hereafter
and, naturally, the glory right here.

Now I understand the diaphanous words
of my friend —a great poet,
glorious and well-known— who once told me:
'For twenty thousand dollars I would sell my fame.'
Then I was
a freshman in the school of life,
a believer in glory and in justice,
and his strange phrase
fell on me like a pail of cold water.

Today I grasp it all very well
—perhaps too late—,
today when the lightest trace of future fame
I'd readily exchange for a couple of thousands
that desperately and vainly
my hunger of peace and kisses seeks.
(Isn't my happiness very cheap indeed?)
How many of my professed good friends
show it on their little fingers
in the form of a diamond chickpea!

Nevertheless,
although to save me from serious danger
maybe they would even risk their lives,
and if they saw me dead
their inconsolable sorrow
would make the fortune of sellers of handkerchiefs;
if I were timidly to hint to them
something about the extrinsic value of their ornaments,
—playing dumb or being out of it—
the allusion won't work;

y si tomo el camino que va de frente
y les abro el alma,
ya no soy amigo sino hombre de poca
o ninguna lacha
que atenta en grave abuso de confianza
contra
la integridad repleta de su bolsa.

¿Qué importa,
para comprar mi libertad, que sobre
con unos cuantos pesos?
En alta voz: '¡El pobre!'
Por dentro,
aquello de los árboles, los santos
y hacer carbón, y al cabo: '¡Que se embrome!'

¿Y si se muere mi ilusión?
                        Al menos
en tanto no se muera mi individuo,
que es agradable camarada a ratos...

Aquí el origen de mi bolchevismo
apunta acaso;
incontrastablemente va llenándome, pero,
allá en el fondo, mi desiderátum
es ser como aquella famosa trinidad de viajeros:
alcalde, amo de ingenio, presidente de un banco[1],
me da lo mismo.

and if I took the straight path
and opened my soul to them,
then I wouldn't be a friend anymore
but a man with little or no shame
who, with a vexatious betrayal of confidence, attacks
the replete integrity of their purse.
Who cares a pin
whether, in order to buy my freedom,
a few dollars are more than enough?
Aloud: 'Poor fellow!'
Inwardly,
the saying about trees, saints,
and making charcoal[1], and at the end:
'Let him go hang!'

And if my illusion dies away?
                        At least,
provided that my person,
an occasionally pleasant companion,
remains alive...

Here the reason for my bolshevism
perhaps peeps out.
It is coming to possess me irresistibly, but
at heart my desideratum
is to be like that famous trinity of wayfarers:
mayor, sugar mill owner, bank president[2].
It is all the same to me.

ORACION

Señor mío Jesucristo, Dios y hombre verdadero,
todavía no te has ido de mi pecho,
a pesar de los exégetas modernos
y de sus controversias sobre el Cuarto Evangelio.

Y aunque ëres
la dulcísima antítesis de Nietzsche,
aún en mi alma, Senor mío, ¡cuánto puedes!

Por señor de la Edad Media
que venero con atávica inconsciencia,
en mis evocadores fantaseos
de inconforme y paradójico poeta,
todavía reinas;
a pesar de los altares adornados
con brillantes zarandajas y con flores de trapo,
y a pesar de los santos de palo
y de los hodiernos milagros.

Señor mío Jesucristo,
yo te ämo porque amaste tú a los niños,
sin embargo de los curas con sobrinos,
y no obstante las repletas alcancías,
los mendigos en el atrio de los templos

A PRAYER

My Lord Jesus Christ, true God and man,
you have not yet left my breast
despite modern exegetes
and their arguments about the Fourth Gospel.

And although you are
the sweet antithesis to Nietzsche,
what power, my Lord, you still wield over my soul!

As Lord of the Middle Ages
whom I revere with atavistic unconsciousness,
in my evoking fancies
as a dissatisfied, paradoxical poet,
you still reign,
in spite of altars decorated
with shiny remnants and tatty flowers,
and despite the wooden saints
and today's miracles.

My Lord Jesus Christ,
I love you because you loved children,
notwithstanding priests with nephews,
notwithstanding the replete charity boxes,
the beggars by the temple's atrium,

y el anillo de amatista del obispo.

Y a despecho de mi obtuso bisabuelo
y del trozo visible de su viejo esqueleto;
y a pesar de la encíclica
condenando la herejía modernista,
todavía permaneces en mi pecho.
Señor mío Jesucristo, porque fueron
tus palabras, 'buscad primero el reino
de Dios y su justicia...' Y porque fuiste
el que dijo lo del rico y el camello,
¡yo te adoro, Cristo rojo de los viles,
de San Bakunin tácito maestro!

Por ser hijo de Miriam la Inmaculada,
por tus siervos
San Francisco, San Renán y San Vicente,
per el fuego que pusiste en la palabra
del apóstol de las gentes;
porque viste cómo todos tus discípulos una noche se
                                             [durmieron
mientras, solo, agonizabas en el huerto...
y porque perdonaste
el pecado delicioso de la carne,
no te has ido de mi pecho.

Dios y hombre verdadero,
porque adoro la justicia y la belleza,
y porque yo en el fondo soy muy bueno,
y porque mi camino se desliza entre nieblas,
¡no te vayas de mi pecho!

and the amethyst ring of the bishop.

And despite my obtuse great-grandfather
and the visible portion of his old skeleton,
and despite the encyclical condemning
the modernistic heresy,
you still remain in my breast.
My Lord Jesus Christ, because you said:
'look first for the kingdom of God and his justice...'
And because you were he who said
those words about the rich man and the camel,
I adore you, red Christ of the despised,
tacit teacher of Saint Bakunin!

Because you are the son of Miriam the Immaculate,
because of your servants
Saint Francis, Saint Renan and Saint Vincent,
because of the fire you put into the word
of the Apostle to the Gentiles,
because you saw how all your disciples fell asleep one night
while you, alone, agonized at the orchard...
and because you forgave
the delightful sin of the flesh,
you have not left my breast.

True God and man,
because I adore justice and beauty,
and because at heart I am a good man,
and because my path stumbles amid darkness,
I beseech you not to leave my breast!

CONFESION TREINTEÑA

  En la puerta de escape de mi año treinta
quiero echar una carga que me sofoca;
y aunque mostrando el paño baje la venta,
hoy no quiero ponerle tapa a mi boca.

      Hago mi examen de conciencia,
      me muevo a dolor de atrición
      y, de mi orgullo con la anuencia,
      doy comienzo a mi confesión.

Yo solamente soy un pobre diablo
que vive su existencia con el perenne afán
(legítimo y humano, desde luego)
de mantener
siempre encendido su farol;
y cuantas cosas escribo o hablo
van
(jugar con fuego)
encaminadas a obtener
que se confunda con el sol.

Y el incauto que se figura
que hay una sólida cultura
y formal desaliño por

CONFESSION AT THIRTY

At the escape hatch of my thirtieth year
I want to unload a burden that chokes me,
and though by displaying the goods the price may drop,
today I don't want to plug my mouth shut.

   I examine my conscience,
   I move myself in pain of contrition,
   and with the compliance of my pride,
   I begin my confession.

I'm just a poor devil
who lives his life with the perennial yearning
(legitimate and human, of course)
of always keeping his lamp[3] alight;
and all things I write or say
have the purpose
(playing with fire)
that it be mistaken for the Sun.

And any heedless fellow who images
there is solid learning
and formal neglect because of

'el horror de la literatura',
si hurga, hallará la tortura
del que se empeña, lucha y se cansa,
y notando que en derredor
hay ambiente, a la pose se lanza...
(Sin que Benengeli lo note
se ha deslizado Sancho Panza
en la armadura de Don Quijote.)

Mas como sé que es un insulto
a la verdad
que mi propósito quede oculto
y a la justicia le rindo culto,
no pretendo la impunidad;
y pues si callo quedaré inulto,
arrojo este canto cargado
de absoluta sinceridad.

Sin negar que —bípedo honrado—
padecí de ensueño frustrado,
no quiero contar lo que hice
para volverlo realidad;
basta que apunte que quise
marchar a la cabeza y me quede en la cola
haciendo el irrisorio papel del *comebola*.

Mas dejemos el tiempo pretérito
(fracaso es ausencia de mérito)
y con dicción impertinente
para molestia de la gente
vengamos a cosas de hogaño.
Puesto en humilde
voy
a confesar cómo soy
aunque de necio se me tilde.

'the horror of literature',
will find, if he digs deeper, the torture
of one who struggles, keeps on, and gets tired,
and noticing
a propitious atmosphere around,
starts to pose...
(Without being observed by Benengeli,
Sancho Panza has donned
the armor of Don Quixote.)

But as I know it to be
an insult to truth
that my design remain concealed,
and as I pay homage to justice,
I do not aspire to impunity;
and since if I kept silent
I would remain unpunished,
I cast out this song charged
with absolute sincerity.

Without denying that —honest biped—
I suffered from frustrated dreams,
I will not tell what I did
to make them come true.
Enough to say that I tried
to march at the head and was left at the tail,
playing the laughable role of the simpleton.

But let us not speak of times gone by
(failure means absence of merit)
and with haughty enunciation,
to people's vexation,
let us come to things of the present.
In a humble pose
I pass on
to confess the way I am
even if as a fool I should be described.

Habla un número del rebaño.

Yo no soy grande ni soy chico,
yo no soy pobre ni soy rico,
no soy un búho ni un borrico,
ni Francisco ni Federico[2];
buen discípulo de Guizot,
mi historiador es Ingenieros.

La enorme hipertrofia del yo
es mi dolencia principal
—tal vez un bien en vez de un mal—.

Entre Pacheco y Regüiferos[3],
si me entregara a la política,
tendría un puesto de Don Tal.

Y es mi condición artrítica:
al cabo soy un tropical.

Eso sí, a nadie remedo
(delirio de original)
y aunque senor del *quiero y no puedo*,
suelo en mi medio dar el *bluff*.

Quizá insistiendo, con paciencia,
al fin logre llegar, o acaso
me dé el probable batacazo...
(¿Por qué para mi impotencia
no habrá un segundo Voronoff?)

Ahora bien, si por otro acaso
(extraordinaria contingencia)
algún día la Gloria me esculpe
en bronce, montado en Pegaso,
es injusto que se me inculpe.

The Sterile Seed

A member of the flock proceeds to talk.

I am not big nor am I small,
I am not poor nor am I rich,
I am not an owl nor am I an ass,
I am neither Francis nor Friedrich[4];
a good disciple of Guizot[5],
my historian is Ingenieros[6].

The enormous hypertrophy of the self
is my main illness
—perhaps a benefit rather than an evil—.

Between Pacheco and Regüiferos[7],
if I devoted myself to politics,
I would have the seat of Mr. So–and–so.

And my condition is arthritic—
after all, I'm a tropical man.

One thing: I do not imitate anyone
(delusions of originality)
and although the lord of *I wish but I can't*,
I often in my milieu successfully *bluff*[8].

Maybe by patiently persisting
at last I shall be able to *arrive*,
or perhaps
I shall be given the probable bump...
(Why is there not, for my impotence,
a second Voronov?)

Now, if through another chance
(extraordinary contingency)
Glory should one day sculpt me
in bronze, astride Pegasus,
it would be unfair to blame me.

Finis: lo que pienso dije como un hombre,
y que se asombre quien se asombre.
No mendigo la absolución
ni hago propósito de enmienda;
y el que quiera entender que entienda
estos versos sin ton ni son.

Hoy,
de mi trigésimo primer año
en los confines,
sumarizo mi confesión:
soy
un pobre diablo que tuvo antaño
(perdón, hermano Rubén Martínez
Villena) un poco de corazón[4].

Finis: What I think, I said like a man,
and let whoever be appalled.
I do not beg for absolution
nor do I propose to reform,
and let whoever wants to,
understand these verses lacking rhyme or reason.

       Today,
         at the threshold
           of my thirty–first year,
        I sum up my confession:
                     I am
a poor devil who did have once
(pardon, my brother Rubén Martínez
Villena) a little bit of a heart[9].

POEMA DE LA VIDA COTIDIANA
A Carlos Montenegro

Hazme el favor, recorre conmigo, Montenegro,
desde el *andante* quedo hasta el tonante *allegro*
      (¡qué me gustan las rimas rebuscadas!),
toda la escala sórdida de las cotidianeces.
Pues tú, mejor que nadie, eres el compañero
idóneo de mi ruin dolor pasivo,
ya que la vida penas te regaló con creces,
el haber de tus dichas muestra una cifra: cero;
y es vocablo mezquino, para nombrarte, 'hermano'.
Pon tu mano piadosa en mi mano,
deja por hoy tus dolorosas nimiedades,
y junto a mí recorre compasivo
toda la gama insulsa de las vulgaridades.

Antes que nada una jaculatoria:
Gloria
al buen dios del trabajo, debelador de ensueños
y bellas realidades ensoñadas,
que nos depara dueños,
obscuridad, nepente, luz, pan y frazadas.
Los números son bellos, tienen su poesía

POEM OF EVERYDAY LIFE
To Carlos Montenegro[10]

Please, Montenegro,
travel with me
from the quiet *andante* to the thundering *allegro*
    (how much I like forced rhymes!)
all the sordid scale of everyday happenings.
For you, more than anyone, are the fit companion
of my mean, passive sorrow,
since life has offered you plentiful afflictions,
the credit on the ledger of your blessings shows one figure:
                                                    [zero;
and 'brother' is a trivial word to call you by.
Place your merciful hand in my hand,
leave for the present your painful prolixities,
and, beside me, compassionately go over
the whole dull gamut of vulgarities.

First of all, a short prayer:
Glory
to the good deity of work, destroyer of dreams
and beautiful, dreamed realities,
who provides us with masters,
darkness, nepenthe, light, bread, and blankets.
Numbers are beautiful; they have their poetry,

y su filosofía;
es responsable de esto el divino Pitágoras,
a quien, cuando pequeño,
debieron darle jugo de mandrágoras.
 (¡Qué me gusta rimar por los cabellos!)

Comienza la semana laborante:
lunes por la mañana.
Después de treinta y seis horas de asueto
penetro en la oficina:
'¡Hola, vate!', me saluda un compañero,
y a manejar en el papel miles de pesos.

Otro colega se me acerca a poco
y en tono misterioso:
'Yo le suplico que me saque un *verso*,
pero no de ësos
con una línea corta y otra larga,
sino de cuatro en cuatro iguales;
como los de los *toros* de la fama,
los poetas *verdá*, Juan de Dios Peza,
Mata, Flores y Plácido y Zenea,
y los de las *Arpas Cubanas*;
y que hable de amor y de la luna...
Lo quiero *pa* mandárselo a una *cajne*
que es un poco romántica...'

Me llama el jefe, un asno con levita
—alma de Shylock con dos dedos de bondades—:
'Mire, no sé, no entiendo este balance',
dice, le grito, me contesta, al fin comprende,
o convencido de que no lo engaño
se da por satisfecho.
                    Visitantes
entran a verle, me presenta a ellos
y en tono protector hace mi elogio:

and their philosophy;
responsible for this is the divine Pythagoras
who, as a child,
must have been given the juice from *mandrágoras*.
          (How I like farfetched rhymes[11]!)

The working week begins:
Monday morning.
After thirty–six hours off I enter the office:
'Hello, bard!,' a fellow–worker greets me.
And so to handling, on paper, thousands of dollars.

Another colleague approaches me a while later,
and in a mysterious tone:
'I beg you to make up a *verse* for me,
but not like those
with one short line and another long one,
but with four even lines each group,
like those the *lions* of fame
used to write,
the *reeel* poets: Juan de Dios Peza,
Mata, Flores, and Plácido and Zenea,
and those in the *Cuban Harps*,
and it must talk about love and the moon...
I want to send it to a *broad*
who is a bit romantic...'

I'm summoned by the boss, an ass in a suit
—Shylock's soul with two inches of kindness—:
'Look here, I don't know, I don't understand this balance
                                        [sheet',
he says, I raise my voice in answer, he replies, and finally
                                        [comprehends,
or convinced that I'm not cheating him
he agrees.
          Some people
call on him. He introduces me
and with a condescending tone eulogizes me:

'Es escritor, poeta...'
Los extraños me miran y sonríen,
y su sonrisa se me antoja
un comentario: 'Debe ser un *comemierda*.'
Y me sonrojo, balbuceo, niego...
¡Qué momento
para quien es poeta vergonzante!
El amo:
'Siempre le estoy aconsejando
que no pierda su tiempo escribiendo versitos,
que ëso no da nada;
mucho más productivo
sería escribir libros de relajo',
y suelta una estridente risotada
el muy cretino.

Otra vez entran dos muchachas.
Y aquí de los apuros
para, sacando el pecho
y teniéndome tieso,
de los viles fondillos esconder el remiendo.
¡Angustia de las sonrisas restringidas
para ocultar los dientes que nos faltan!
De nunca dar la espalda
para no proclamar a los vientos
el divorcio forzado del barbero.

Y así, semana tras semana.

¡Loor a las fondas de chinos
por nuestro incógonito prestigiadas!

Estériles amores de los sábados,
báquicos nirvanas de los últimos,
nepentes espaciados de las licencias,
vacaciones dolientes de las quintas[5],
lotería falaz de los garroteros,
sorpresa millonaria de los terminales,

The Sterile Seed

'He is a writer, a poet...'
The strangers look at me and grin,
and I read in their smile a comment:
'He must be an asshole.'
And I blush, stammer, deny...
What a moment
for the bashful poet!
The boss:
'I'm always advising him
not to waste his time writing doggerel;
a thing like that does not bring in a penny.
Writing dirty novels
would be a great deal more profitable.'
And the jackass lets go a roar of laughter.
Two girls come in another time.
And then what a fix
trying, by throwing out my chest
and standing stiff
to hide the patches in the vile seat of my pants.
O, the anguish of smiles restrained
to conceal the missing teeth!
Of never turning one's back
so as not to proclaim to the four winds
one's forced divorce from the barber.

And so on, week after week.

Praised be the Chinese eateries
honored by our incognito!

Barren loves of Saturday nights,
Bacchic Nirvanas of pay days,
spaced nepenthes of the leaves of absence,
suffering holidays in the hospital,
fallacious lottery of the loan sharks,
millionaire surprise of the *numbers*,

¡gracias por la emoción efímera,
gracias por la amnesia momentánea!

Y así, ¿día tras día,
año tras año hasta la meta?
Sí, y si quieres entrar en el dinero,
tienes que ser un sinvergüenza.
Si no, te cae la mala,
y a los tuyos, si hay tuyos, no les queda
ni siquiera para el entierro.
Y así acabó Tallet o acabó Montenegro.

Luego,
conducirá los restos a su asilo postrero
el agorero carro municipal, según
pase, maquinalmente se alzará algún sombrero...
Después, reposo anónimo en la fosa común.
Ni la rotunda esquela que la mirada hiere,
ni una flor, ni un responso, ni un comento pueril,
y la noticia sólo sabrá quien la leyere
en la *Necrología* del Registro Civil.

Y por último, al soplo inexorable
del libertario olvido,
desaparecerá sin rastro toda huella,
y 'el vivo al pollo'[6], que diría el jefe.

¿Para qué hacer versos?
¿Para qué hacer cuentos?
¿Para qué preocuparse
                   de lo justo,
                      de lo bello,
                         de lo bueno?

I thank you for the fleeting emotions,
I thank you for the transitory amnesia!

And so on, day after day,
year after year until the end?
Yes, and if you want to *get into the money*[12]
you have to be a consummate scoundrel.
If not, your luck runs out,
and your kin, if there are any,
won't even have enough to pay for the burial.
And so ended Tallet or ended Montenegro.

Then,
the remains will be carried off to their last refuge
by the municipal funeral wagon;
as it passes by, mechanically a few hats will be raised...
Afterwards, anonymous rest in the common grave.
Not a showy necrological notice
to hurt the eyes,
not a flower, not a responsory, not so much as a puerile comment.
And the news will be learned
only by those who read it
in the obituary of the Civil Register.

And finally, under the inexorable blow
of liberating oblivion,
every track will vanish without a trace,
and 'let the living get to the chicken'[13],
as the boss would say.

Why compose verses?
Why write short stories?
Why worry about
                    the just,
                        the beautiful,
                            the good?

Vocablos casi siempre huecos.
Pretextos
para hacer el ridículo.

¡Que me dejen tranquilo!

Yo ya domé con puño férreo todas mis ansias de infinito
y oculté en la niara de lo cotidiano el grano de ayer.
Que me dejen tenderme en un remanso muy mío,
una noche muy mía, muy larga y sin luna,
¡y contar las estrellas hasta el amanecer!

Utterances almost always devoid of any meaning.
Excuses
to make oneself ridiculous.

I want to be left alone!

I have already tamed with an iron fist my yearnings for
                                                                    [infinitude,
and hidden in the rick of everyday events the grain of
                                                                      [yesterday.
Let me lie full–length by a halcyon backwater altogether
                                                                             [mine,
on a night altogether mine, very long and moonless,
and count the stars until dawn!

LOS ANGELES MUDOS

Contra lo imposible, ¿qué puede el deseo?
José Asunción Silva

THE MUTE ANGELS

Against the impossible, what can desire do?
José Asunción Silva

EL FILON DE ORO

En el seno infecundo de la vieja montaña
aprisionado un áureo, purísimo filón,
yacía, padeciendo la profunda nostalgia
de brillar, hecho alhajas, a los besos del sol.

Con muy leves indicios la aguzada piqueta
del minero ambicioso comenzó su labor,
horadando paciente las entrañas de piedra,
del filón de oro puro inútilmente en pos.

Por más de siete inviernos alacre cavó el pico,
hurgando el vientre pétreo en toda dirección,
y aunque rozó mil veces de pasada al cautivo,
éste nunca fue premio de su avaro fervor.

Y una noche la mina se derrumbó... La súbita
catástrofe el ambiente saturó de pavor;
y el temor —o el recuerdo de la infructuosa búsqueda—
desprestigió la crísica leyenda del filón,

que en su cárcel incógnita, con muda queja vana,
vio entre doradas lágrimas de inaudito dolor

THE GOLDEN LODE

In the barren bosom of the old mountain
lay immured the purest golden lode
suffering and profoundly longing
to shine, made into jewels, when kissed by the sun.

With the slightest attempts the sharp pickaxe
of the covetous miner started its work,
patiently jabbing the rocky entrails,
uselessly in search of the lode of pure gold.

For more than seven winters the pickaxe joyously dug,
poking the rocky belly in every course,
and though often in passing it almost touched the poor
[captive,
it was never the prize of the digger's greedy lust.

And on a certain night the mine collapsed... The sudden
disaster filled the atmosphere with horror;
and fear —or recollection of the fruitless search—
discredited the reputation of the golden legend of the lode,

which, in its unknown jail with mute, vain lamentation,
saw depart forevermore, midst golden tears of unheard grief,

para siempre alejarse la fugaz esperanza
de radiar hecho alhajas a los besos del sol.

the fleeing hope
of glittering, as jewels, when kissed by the sun.

LA MARIPOSA LOCA

La mariposa loca, rompiendo su crisálida,
se echó a volar sin rumbo por el espacio inmenso;
las ignotas regiones más altas
saben de su absurdo volar indirecto,
y fue ludibrio de los cuatro vientos,

Una noche la luz de la luna, atrayendo su inquieta mirada,
despertó en la fatua mariposa, ignara
de la ciencia que estudia los astros,
un vehemente deseo
de consumirse en la remota llama
que irradiaba tan nítidos rayos;
y el loco insecto
hacia el satélite emprendió su vuelo.

La pobre mariposa vuela, vuela sin tregua,
dejando atrás las luces de la tierra.
Una vana esperanza la impulsa
hacia el fanal que, en la lejana altura,
es ya su sola, imperativa meta.

Fue su esperanza una ilusión efímera,
aún veía las luces de la tierra
cuando rindió sus miembros la fatiga,

THE CRAZED BUTTERFLY

The crazed butterfly, on rending her chrysalis,
began aimlessly to fly through the immense space.
The unknown highest regions
are witness to her absurd devious flight,
and she earned the mockery of all the winds.

One night the moonlight, attracting her restless glance,
awakened in the fatuous butterfly, ignorant
of the science that studies the stars,
a keen desire
to consume herself in the distant blaze
which radiated such splendid beams;
and the crazed insect
set out flying toward the satellite.

The poor butterfly soars, soars pauselessly,
leaving behind the earth's lights.
A vain hope compels her
toward the lantern which in its remote altitude
is now her sole, imperative goal.

Her hope was an ephemeral illusion;
she still could see the earthly lights
when exhaustion overcame her limbs;

le faltaron las fuerzas
y descendió del cielo con violencia.

A la noche siguiente en la llama
de un cabo de vela,
la mariposa se quemó las alas.

her strength failed,
and down she came violently from the sky.

On the following night
in the flame of a candle stub,
the butterfly burned her wings.

FABULA DEL AGUA Y EL ACEITE

Desde su recipiente en donde parte
con el vinagre un yugo gastronómico,
quiso la suerte que alcanzase un día
a vislumbrar la linfa transparente
que a poco trecho, en suntuoso jarro
de Bohemia, ostentaba su impoluta
pureza. Y sin pensar que sólo ëra
una fórmula química integrada
por 2+1 hidrógeno y oxígeno,
creyó colmado su perenne anhelo
y la amó intensamente, intensamente...

Vio cómo üna mano taumaturga
la mezcló con el vino. Y su entusiasmo
quiso mostrarse ante el maravilloso
amatista translúcido, producto
de la aleación; y al solo pensamiento
del color hasta entonces nunca visto
que ambos, unidos, procrear pudieran,
la deseó con un ardor frenético.

Fue su pasión la del que espera y teme
que nunca devendrá lo que él espera,

FABLE OF THE WATER AND THE OIL

   From his[14] receptacle where he shares
with the vinegar a gastronomic yoke,
fate ordained that one day
he should manage to glimpse
the transparent lymph
that a little yonder, in a sumptuous glass
of Bohemian crystal, exhibited her untarnished purity.
And without thinking that she was only
a chemical formula, made up
of 2 plus 1 hydrogen and oxygen,
he believed fulfilled his perennial yearning
and he loved her intensely, intensely...

He noticed saw how a thaumaturgic hand
mixed her with wine. And his enthusiasm
welled before the marvelous,
translucid amethyst produced
by the fusion; and at the slightest thought
about the color never seen until then
that both of them together could beget,
he desired her with frenzied ardor.

His passion was like that of he who hopes, and fears
that what he hopes for will never come true,

y espera sin embargo (aquel aceite
no estaba bien del *queso* que digamos).
Y así, esperando contra la esperanza
(¿anglicismo?), un plañido suplicante
dirigió a la que ëra ya la sola
finalidad y pauta de su vida:
'Oh, tú, la única, la misteriosa,
insípida, incolora, mas sin cuya
existencia los vivos no serían;
óyeme, a ti me allego humildemente
para implorar tu amor, ¡sé mía, sé mía!
Yo sé que nada valgo, pero al menos
tengo, para ofrecerte, suavidades
exquisitas que nunca podrá, ¡nunca!,
el vino petulante, áspero, loco,
que es tanto de tu agrado, darte, ¡oh, agua
maravillosa! Deja que penetre
en ti, y en tu substancia me diluya,
y formemos los dos un ser sublime,
que eternamente tú serás dichosa.'

Fue el silencio respuesta a su reclamo,
y el miserable, desdeñado amante
lloró copiosas, invisibles lágrimas.

El ágape finó, mientras.
                    Un niño
quedó de sobremesa, jugueteando
con lo que despreciara ya la hartura
de sus mayores. Su entretenimiento
le condujo a tomar el recipiente
del aceite, y en una copa casi
llena de agua, vertiolo en abundancia.
Prosiguiendo después su absurdo juego,
los dos líquidos, dentro de la copa,
agitaba con una cucharilla...

The Sterile Seed

and yet he hopes. (That oil
was not altogether there, we might say.)
And thus, hoping against hope
(an anglicism?), he addressed a suppliant moan
to her who was now the only
purpose and rule of his life:
'O, you, the only one, the mysterious,
insipid, colorless, but without whose existence
the living being would not be;
hear me, I come to you humbly
to implore your love; be mine, be mine!
I know that I am worthless but at least
I can offer you an exquisite
softness that the petulant,
the rough, mad wine,
so much to your liking,
could never give you, ever!
o, marvellous water! Let me penetrate you
and be diluted in your substance,
and let us form together a sublime being,
and you shall eternally be happy.'

Silence was the answer to his plea,
and the wretched, disdained lover
shed copious, invisible tears.

The banquet finally ended.
                              A little boy
stayed there after dinner playing
with what the satiety of his elders
had disdained. His amusement
led him to take the oil cruet,
and into a cup almost full of water,
he poured much of it.
Continuing then with his absurd game,
he stirred with a teaspoon
both liquids inside the cup...

¡Oh, el júbilo del pobre enamorado
al sentirse en contacto con la amada!

Creyó que en realidad por fin su sueño
se convertía; y de ventura en éxtasis
cayó el cuitado. Pero pronto el niño
abandonó su distracción hastiado
y ¡aquí de la sorpresa del amante
al notar que al retorno de la calma,
muy lejos de ocurrirle lo que al vino,
fue rechazado por el agua, y aunque
en contacto con ella, ambos quedaron
separados completa, totalmente...!
¡Aquí de su sorpresa y desespero!
Después la mano de una maritornes,
indiferente en su servil faena,
los arrojó en el vertedero juntos.

El incurable soñador de nuevo,
al sentirse con *ella* entremezclado
en el trayecto obscuro hacia lo ignoto,
sintió que la esperanza renacía,
pensando que al final del raro viaje,
diluido en su amada le aguardaba
quizás la dicha...
    ¡Sueños!
      Un estanque
fue de su viaje misterioso el término.
Y en él desembocando con el agua,
que fue a mezclarse con su casta, era
en la azul extensión, para él sin límites,
de 2+1 hidrógeno y oxígeno,
solamente una mancha oleaginosa
que a los rayos del sol brillaba un poco,
presa por siempre en la extensión aquella.

O, the joy of the poor lover
on feeling the contact of his beloved!

He though his dream at last was becoming a reality; and
from sheer happiness the poor unfortunate became
enraptured.
　　　　　　　But very soon the child,
tired of it, ceased in his pastime.
And to the lover's surprise,
when the calm returned,
he noticed that far from happening to him what happened to
　　　　　　　　　　　　　　　　　　　　　　[the wine,
he was rejected by the water, and although
in contact with her, both were
separated completely, absolutely...!
Lo! What surprise and despair!

Later, the hand of a maidservant,
indifferent in her menial work,
poured both of them together in the sink.

Anew the incurable dreamer,
feeling himself mixed with *her*
on the dark way to the unknown,
felt hope reborn in him,
thinking that at the end of the strange journey
perhaps, diluted in his beloved,
happiness was waiting...
　　　　　　　　Only dreams!
　　　　　　　　　　　A pond
was the terminus of the mysterious voyage.
And flowing into the pond with the water,
who went to mix with her caste, he was
in the blue extension —limitless for him—
of 2 plus 1 hydrogen and oxygen,
just an oily patch
that, touched by the sun's rays, shone a little,
captive forever in that liquid expanse.

Y eternamente su esperanza ida
al cabo vio, y de nuevo las copiosas
lágrimas invisibles fueron suyas;
y '¡oh, agua incomprensiva!—era su triste
lamento mudo—, ¡oh, agua incomprensiva!'

And at the end he saw forever gone
his hope, and once more he shed
copious, invisible tears;
and 'O, incomprehending water!', was his sorrowful
and silent lamentation, 'O, incomprehending water!'

EL ESFUERZO

Suena el despertador en la mañana.
Tras hora y media me levanto. Luego,
mientras por despejar mi mente brego,
me sorprende la hora meridiana.

Libre del sueño, a mi pesar me anego
en el mar de la vida cotidiana;
y en tanto por cruzarlo, en él se afana,
se extingue con el sol, mi interno fuego.

Después la vesperal melancolía
los últimos residuos de energía
de mi agotada humanidad destierra.

Y finalmente llega la anhelada
noche, que el ciclo de mi esfuerzo cierra,
con igual resultado siempre: nada.

THE EFFORT

The alarm–clock rings in the morning.
An hour and a half later I get out of bed. Then,
while I struggle to clear up my mind,
the noon hour takes me unaware.

Free from sleepiness, in spite of myself
I dive into the sea of everyday life;
and while straining to cross it, my inmost fire
gets extinguished with the setting sun.

Afterwards the evening melancholy
banishes the last traces of energy
from my exhausted humanity.

And finally the night so longed for arrives
that closes the cycle of my effort,
always with the same result: nothing.

PAX RELIGIOSA

Paz de los viejos monjes benedictinos,
que en la plácida quietud del monasterio,
entre sus polvorientos pergaminos,
están mucho más cerca del misterio.

Paz de los pobres frailes franciscanos,
indoctos profesores de humildad,
que al ser del miserable piojo hermanos
saben un poco más de la verdad.

Paz silenciosa de los cartujos,
que remedó Rubén[7] con añoranzas:
talismán que protege de los influjos
de las pasiones, puerto de bienaventuranzas.

Paz militante de los hijos de San Vicente
que, con celo neófito de épocas pasadas,
evangelizan a la pobre gente
y mantienen viviente la leyenda dorada.

Paz solitaria del anacoreta,
conquistador de sí mismo y del diablo,
que prestigiaron los grandes ascetas,
Antonio y Pablo.

PAX RELIGIOSA

Peace of the old Benedictine monks
who, in the placid quiet of their monastery,
among their dusty parchments
are much nearer to the Mystery.

Peace of the poor Franciscan friars,
untaught professors of humility,
who, as brethren of the miserable louse,
know a little more of the Truth.

Silent peace of the Carthusians
whom Rubén[15] mimicked with longing:
protective talisman against the sway
of passions, harbor of blessedness.

Militant peace of the sons of Saint Vincent
who, with the zeal of the neophyte of yore,
evangelize the poor people
and keep alive the golden lore.
Solitary peace of the anchorite,
of himself and the Devil a conqueror,
honored by the great ascetics,
Anthony and Paul.

Paz virgiliana de los ignorados
curas humildes que a la tierra dan
su vida entera, panegirizados
en deliciosas páginas por Francis Jammes.

Paz de los excelentes canónigos obesos,
mimados de las viejas beatas de mitones,
que ante su chocolate bien humeante y espeso,
anticipan el cielo de sus aspiraciones.

Paz paupérrima, anónima y sencilla
del desahuciado capellán de monjas,
que del canario cantarín de su bohardilla
escucha solamente las lisonjas.

Paz de los bellos huertos conventuales,
paz de rápidos rezos en el breviario,
paz de claustros en noches pleniluniales,
paz de cuentas tras cuentas en el rosario.

Paz de latín, de misas (Dios en la mano),
de vísperas, completas, laudes, maitines;
paz robusta del fuerte canto llano,
paz tranquila de pláticas con santos fines.

Paz exaltada de contemplaciones,
de caridad ardiente, mística y pura;
paz ecuánime de plegarias en los rincones
de las capillas húmedas y obscuras.

Paz que, ficticiamente, en su celda de esteta
saboreara Remy de Gourmont;
paz que, sincera, pone perfume de violetas
dentro del corazón.

Paz de responsos en el cementerio,
de *vanitas vanitatum* y de *abrenuntio*,
que ha vencido el sarcasmo de Junqueiro

Virgilian peace of the forgotten,
humble parsons who give to the soil
their entire lives, eulogized
in delightful pages by Francis Jammes.

Peace of the worthy, plump canons,
spoiled by devout old ladies in mittens,
who, over cups of thick, steaming chocolate,
anticipate the heaven of their aspirations.

Peace —dirt poor, anonymous and simple—
of the dispossessed chaplain of nuns,
who only from the singing canary in his attic
hears any flattery at all.

Peace of the beautiful convent orchards,
peace of the swift prayers from the breviary,
peace of the cloisters on full moon nights,
peace of bead after bead in the rosary.

Peace of Latin words, of masses (God in the hand),
of vespers, complines, lauds and matins;
robust peace of the strong plain chant,
quiet peace of conversations with holy objectives.

Exalted peace of contemplations,
of mystic, pure and ardent charity;
serene peace of devout prayers in the corners
of damp and darkened chapels.

Peace that, fictitiously, in his aesthete's cell
Remy de Gourmont would relish;
peace that, being sincere, puts a scent of violets
within the heart.

Peace of responsories in the graveyard,
of *vanitas vanitatum* and of *abrenuntio*,
which had overcome the sarcasm of Junqueiro

y la salacia insaciable de D'Annunzio.

Paz que no sabe de estos efectismos
literarios que entrañan una verdad,
y en la monotonía de lo mismo
halla un oasis de serenidad.

Paz unciosa que permite, cuando las almas
entre el aquí y el allá fluctúan,
murmurar sonriendo con dulce calma:
'secundum magnam voluntatem tuam'.

Paz libertaria que sacias al sitibundo,
celosa e inexpugnablemente guarne-
ciendo pía el asilo del silencio fecundo...

¡Si no fuera por la carne —el demonio y el mundo.
no me importan—, si no fuera por la carne!

The Sterile Seed

and the insatiable salaciousness of D'Annunzio.

Peace that knows nothing of these literary affectations
which hold a truth deep within,
and in the monotony of sameness
finds an oasis of serenity.

Anointing peace which allows, when souls
waver between the here and the hereafter,
to mutter smilingly with gentle calm,
'*secundum magnam voluntatem tuam*'.

You, liberating peace, sate the thirsty,
piously guarding, zealously and impregnably,
the shelter of fruitful silence...

Were it not for the Flesh! —the Devil
and the World do not matter to me—,
were it not for the Flesh!

LLUVIA MERIDIANA

*Yo que creía que esto tenía significado
con la maraña y el embeleco de la ilusión...*
Porfirio Barba-Jacob

MIDDAY DRIZZLE

*And here I thought this had a meaning
with the tangle and the hoax of illusion...*
Porfirio Barba–Jacob

ELEGIA DIFERENTE
A Carlos Riera, en la eternidad

Carlos, mi amigo Carlos,
hoy hace varios años que te has muerto.
(Mi corazón se encoge
ante la persistencia tenaz de tu recuerdo.)

Tú no has muerto del tifus ni de la meningitis,
como dicen los médicos;
tú te has muerto de asco, de imposible o de tedio.

¡Qué bien te conocía, Carlos Riera!
¿Ves cómo confirmaste mi sospecha
de que harías algo de mucha trascendencia?
Algo en verdad que no era el libro árido
de aparentes verdades que estabas preparando
para endilgarnos
dentro de veinte o veinticinco años.
(¿Pretenderás, Pelona, que te demos las gracias
porque de su lectura nos libraste?)

Ya tanto fantaseabas
sobre cosas abstrusas
y mirabas tan poco hacia afuera,

A DIFFERENT ELEGY
To Carlos Riera, in eternity

Carlos, my friend Carlos,
it is today several years since you died.
(My heart shrinks
before the stubborn persistence of your memory.)

You did not die of typhus or meningitis,
as the doctors say;
you died of nausea, of hopelessness, or of tedium.

How well I knew you, Carlos Riera!
Do you see how you confirmed my suspicion
that you would accomplish something of much
                                            [transcendency?
Something, indeed, that was not the arid book
of seeming truths you were preparing
to unload on us
within twenty or twenty–five years.
(Will you, Baldy, presume that we should thank you
because you saved us from having to read it?)

So much you phantasized
of things abstruse,
and looked so seldom outward,

que, descuidado, asiéndote la Intrusa
te arrastró compasiva con ella
para calmar tu sed y tu impaciencia.

Ya estarás satisfecho,
pues sabes lo que ignoran tus maestros.

Ya no serás el ciego
que de noche en el bosque perdiera
su bastón y su perro.

Pero ¿con qué derecho
te marchaste llevándote mi hacienda?
De ser cierto el refrán 'un amigo
es un tesoro', casi me quedo en la miseria.
¡Y eso no está bien hecho, Carlos Riera!

... El día de tu muerte —¡bien me acuerdo!—
me cogió la noticia de sorpresa,
a pesar de que el aciago telegrama
era amarillo y negro.

Te lloré con las lágrimas con que llora el niño,
con lágrimas que mojan, verdaderas,
—¡y tanto que creía que su fuente
se había en mí secado para siempre!—
(Más tarde, ¡cuántas veces te he llorado
con invisibles lágrimas internas!)

¡Qué extraño era tu rostro entre las cuatro velas!
Verdoso, patilludo; y asomaba a tus labios
una semisonrisa de desprecio o de triunfo.
¡Qué trabajo
me costaba creer que ya nunca
volverías a hablarnos
de intrincados problemas abstractos!

Mas, mi pobre Carlos,

The Sterile Seed

that the Intruder, catching you unaware,
compassionately dragged you with her
to quench your thirst and your impatience.

You must now be satisfied
since you know what your teachers do not.

You will no longer be the blind man
who at night loses his cane and his dog
in the forest.

But what right did you have
to leave, taking my wealth with you?
If the proverb 'a friend is a treasure' is true,
I am almost left in penury.
And that, Carlos Riera, is not a nice thing to do!

....The day of your death —I remember it well!—
the news took me by surprise
even though the fateful telegram
was yellow and black.

I wept over you with the tears that a child weeps,
with true, wetting tears
—and how convinced I was that their source
had dried up in me forever!—
(Later, how many times have I wept over you
with invisible inner tears!)

How strange was your face amid the four tapers!
Greenish, unshaved; and on your lips
a contemptuous or triumphant half smile.
How hard
it was for me to believe that never again
would you talk to us
about intricate abstract problems!

But, my poor Carlos,

¡ya lo creo que estabas bien muerto!
Como hoy, sin duda, ya estarás podrido;
solamente me queda tu recuerdo,
que se irá conmigo.

Sin embargo, te finjo
en el plácido alcázar de los muertos,
clásicamente revestido
de una inconsútil toga
que dignifica tu asombrada sombra...
Te habrás apresurado hacia el departamento
de los filósofos que fueron...
—espíritus afines o maestros—.

El viejo Spencer,
a quien tanto leíste y comentaste,
al verte, satisfecho,
mesará sus diáfanas patillas astrales;
y todos,
protectoramente, golpearán tu hombro
con aire de maestros,
aunque tu sabrás tanto como ellos.

¿Quién me asegura que una carcajada,
de las que, con frecuencia, aquí se te escapaban,
no se te irá al recuerdo
de tu admirado mágister don José Ingenieros?
¿No sientes lástima por los que nos quedamos,
tú, que ahora conoces el Misterio?

Carlos, si te paseas entre las sombras
de los buenos filósofos de ayer,
dale muchos recuerdos a Spinoza,
estrecha con respeto la mano de Darwin,
y abraza fuertemente de mi parte
a mi gran amigo Federico Amiel.

of course you were dead all right!
As today, no doubt, you must be rotted;
I am left with only your memory,
which will depart with me.

However, I fancy you
in the placid castle of the dead,
classically clothed
in a seamless robe
which dignifies your astounded shadow[16]...
You probably hurried toward the quarters
of the philosophers who are no more...
—kindred or master spirits—.

Old Spencer,
whom you read and commented so much,
on seeing you will stroke,
satisfied, his diaphanous astral whiskers;
and everyone,
protectively, will pat your shoulder
with magisterial airs,
although you will know as much as they do.

Who could assure me that a roar of laughter,
the kind that frequently burst from you here,
will not slip out at the memory
of your admired *magister* don José Ingenieros?
Don't you pity us, who remain behind,
you who now know the Mystery?

Carlos, if you are strolling among the shades
of the fair philosophers of yesterday,
give my best regards to Spinoza,
respectfully shake Darwin's hand,
and hug tightly for me
my good friend Frederick Amiel.

SEMEJANZA
Alteri ego, Juan Llames, domine rusticano

Llames, tú enseñas muchachos
metido en tu carapacho
(¡qué tarea!)
y yo me enseño a mí mismo
en el fondo de mi abismo...
(¡qué tarea!)
Eres amigo y maestro,
yo soy amigo y maestro,
doble es nuestra semejanza.

¿Chanza? Pero
hay un tercer parecido
que no es chanza:
iguales en desventura,
la vida nos ha vencido,
como a aquel buen caballero
el de la Triste Figura.

¿Qué nos queda? No luchar
(yo hace tiempo que no lucho),
reír mucho
(mucho y fuerte)
y engordar

SIMILARITY
Alteri ego, Juan Llames, domine rusticano

Llames, you teach youngsters
from inside your shell
(what a job!)
and I teach myself
at the bottom of my abyss...
(what a job!)
You are a friend and a teacher,
I am a friend and a teacher,
our likeness is twofold.

Just a joke? But there is
a third similarity
that is no joke:
alike in our misfortune,
life has defeated us,
as it did that good knight,
him of the Mournful Figure[17].

What is left to us? Not to struggle
(I have not struggled for a long time),
to laugh a lot
(a lot and loudly),
and get fat

(¡bella suerte!)
'hasta que venga la muerte
a nuestra puerta a llamar'.

Y dormirnos para todo
lo que parezca el tormento
de un afecto o pensamiento,
mas el dormir de tal modo
cuidar hemos
que nunca nos despertemos;
y aceptar
la sola preocupación
de hacer buena digestión
que nos impida soñar.

(great luck!)
'until death comes
knocking on our door'.

And fall asleep to all that may seem
the torment of affection or thought,
but we must take care
to sleep in such a way
that we would never wake up;
and accept the sole preocupation
of having good digestion
that would keep us us from dreaming.

CONTRASTE
A Juan Rodríguez, maestro

Rodríguez, ¡qué lejos los tiempos
en que tú le enseñabas latín
a un chico dócil, ingenuo, puro,
que tenía las piernas de güin!

Hoy es ventrudo, voluntarioso,
sensual, escéptico, en fin,
¡que están muy lejos los tiempos
en que tú le enseñabas latín!

CONTRAST
To Juan Rodríguez, master

Rodríguez, how far are the days
when you used to teach your Latin
to a pliable, candid, pure kid
who had two sticks for legs!

Today he is a big–bellied fellow,
wilful, sensual, skeptical; in short,
the days when you taught him your Latin
are very, very far off!

MENUDA VIEJA
Mujer, ¿qué hay de común entre tú y yo?
Juan, II, 4

Menuda vieja, cuando pienso
en el éxito vano de tus sacrificios,
a mi espíritu asalta
una intensa piedad desesperada
no exenta de tenaz remordimiento.

(¿A estas alturas sentimentalismos?)

Torno hacia atrás la vista; ávidamente miro
y veo,
muy lejos, ya muy lejos,
un patiecillo alegre,
un rústico arriate cargado de verde
y la cancela azul en un extremo,
que de las ajenas miradas curiosas
la modesta cocina protege.

(Lindo cuadrito de un pincel mediocre.)

Allí te fantaseo
—la misma de ahora,
pero sin las canas que vinieron luego

LITTLE OLD WOMAN
O, woman, what have you to do with me?
John, II, 4

   Little old woman, when I think
of the useless outcome of your sacrifice,
my soul is assailed
by an intense, despairing pity
not without stubborn remorse.

       (Sentimentality at this stage?)

I turn my eyes back, avidly I look
and see
far, very far back,
a cheerful little patio,
a rustic garden border full of green,
and, at one end, the blue lattice screen
which protects from prying alien glances
the humble kitchen.

       (A pretty little picture by a mediocre brush.)

I fancy you there
—the same as now
but without the white hairs that came later on

y sin esas arrugas en la frente—
en tu pequeño mecedor sentada,
y sobre tus rodillas
algo indefenso y blando que ëra tú misma
y era a la vez el que, de pie, a tu lado,
te devoraba con la vista:
aquel trozo de acero que hablaba y se movía,
y, lo que es más, pensaba, amaba y se moría.
Y como aquello blando e indefenso
bullía inquieto en tu regazo,
para tranquilizarlo
tus brazos lo estrechaban contra el pecho
y una cantinela vulgar, de tus labios,
suavemente exaltaba la ingenua alegría del pequeño patio:

     '¡Duérmete, mi niño,
     duérmete, mi amor,
     duérmete, pedazo
     de mi corazón!'

Y, obediente, el pedazo de ti misma
a tu dulce mandato se dormía.
Tú callabas, y en el silencio
eras una cosa divina;
y, tiernamente, el trozo de acero sonreía.

     (Bonito cromo de la paz doméstica.)

Entonces los ensueños,
en acechanza siempre de su momento,
en ti y en él entraban.
Y aunque muy diferentes
—los tuyos de cosas muy buenas, muy fáciles,
los suyos de glorias heroicas y graves—
todos coincidían
en soñar una cosa muy grande
para aquella cosa pequeñita y suave
que dormía su blanco dormir inconsciente

and without those wrinkles on your forehead—
seated in your little rocker,
and on your knees
something defenseless and soft that was yourself
and was also he who, standing next to you,
devoured you with his eyes:
that chunk of steel talking and moving
and, what is more, thinking, and loving, and dying.
And as that soft and defenseless thing
stirred restlessly on your lap,
to quiet it
your arms pressed it against your breast,
and a familiar lullaby from your lips
softly extolled the simple joy of the small yard:

> 'Go to sleep, my baby,
> go to sleep, my love,
> go to sleep, little piece
> of my very heart!'

And obediently that piece of yourself,
at your sweet command, would go to sleep.
You fell silent, and in the stillness
you were something divine;
and tenderly the chunk of steel smiled.

> (A pretty chromo of domestic peace.)

Then dreams,
always in ambush for their chance,
entered into you and into him.
And although quite different
—yours about very good, very easy things,
his, about glories heroic and grave—
all of them coincided
in imagining something very great
for that soft little thing
that slept its white, unconscious sleep

en la mullida cuna.

Y la cara
del pedazo de acero parecía una llama.

¡El infeliz! Un día lo encontró descuidado
la que en todo se mete, y le brindó a su olfato
una flor de perfume un poco raro.
El lo aspiró sin sospechar el lazo,
y nadie lo vio más de pie a tu lado.

       (¡Vuelta al romanticismo trasnochado!)

Tú te quedaste sola con un recuerdo,
sola en la pina cuesta de la vida,
para hacer ciertos sus ensueños y tus ensueños.
Y con denuedo comenzaste el viaje
que hiciera de esos sueños, realidades.
Los mayores obstáculos en la penosa ruta
sirvieron de otros tantos acicates
para tu persistencia en el intento
al que el origen del amor sin tregua
te impulsaba; y al cabo de tu viaje,
¡cuán otro ha sido el anhelado premio
que conquistara tu incesante lucha!

Por eso ante el punzante pensamiento
me asalta una piedad desesperada,
no exenta de tenaz remordimiento.

       (¡Y lo peor es que no sabes esto!)

Mas no te preocupes, no es tuya la culpa
de que yo no tenga tu älma tan pura
ni sea un pedazo viviente de hierro.

De quién sabe qué remoto bisabuelo
tú fuiste el dócil instrumento

in the fluffy cradle.

And the face
of the chunk of steel looked like a flame.

Poor soul! One day she who meddles in everything
caught him unaware, and gave him to smell
a rather strange-scented flower.
He sniffed it without suspecting the snare,
and no one ever saw him standing by your side again.

      (Back to stale romanticism!)

You were left alone with a memory,
alone on the steep slope of life,
left to fulfill his dreams and your dreams.
And bravely did you start the journey
that would make those dreams come true.
The greatest obstacles in the painful path
served as so many prods for your persistence
in the efforts towards which the origin of ceaseless love
impeled you; and at the end of your journey,
how different has been the longed for prize
that your incessant struggle won!

That is why, before this poignant thought,
I am assailed by a despairing pity,
not without stubborn remorse.

      (And the worse part is that you don't know this!)

But do not worry, the fault's not yours
that I have not your purity of soul,
nor that I am not a living iron chunk.

Who knows of what remote great-grandfather
you were the docile tool

que usó para legarme lo que hace
que, a pesar de tus titánicos esfuerzos,
nunca pasen de sueños tus ensueños.

    (Hay que justificar las nulidades.)

Pero, ¿verdad que cuando vuelva,
después de tanto tiempo,
y apoye en tus rodillas mi cabeza,
me estrecharás contra tu pecho
y les darás a mis recuerdos
el nepente sin igual de tus palabras,
como en aquel tiempo, pero en voz muy baja:

    'Duérmete, mi alma,
    duérmete, mi amor,
    duérmete, pedazo
    de mi corazón...'

aunque el hombre que, en tu regazo,
su cabeza de príncipe frustrado
tristemente descanse
sea un obscuro señor Don Nadie?

    (Aquí no viene mal un par de lágrimas.)

which he used to bequeath me what insures
that, despite your titanic efforts,
your dreams cannot be but dreams.

    (It is a must to justify incompetency.)

But isn't it true that when I return
after so long a time
and lay my head on your knees
you will press me to your breast
and give to my memories
the unequaled nepenthe of your words,
like in those days, but in a very low voice:

    'Go to sleep, my soul,
    go to sleep, my love,
    go to sleep, little piece
    of my very heart...'

even if the man who, on your lap,
his frustrated prince's head
lays sorrowfully
be a dim Mister Nobody?

    (A couple of tears at this point would not be out of
    [place.)

REMEMBRANZAS
A José Manuel Acosta

¿Te acuerdas, Acosta, cómo cuando chicos
—lejanos tiempos para siempre idos—
a través de las lecciones de todo el año,
aprendidas sin fruto,
con ardor esperábamos el fin de curso
en el colegio clerical y arcaico
que dominó nuestra niñez de obscuros
muchachos buenos,
por llegar al reparto de los premios,
compendio del encanto
de nuestra alegre infancia sin sucesos?

Repartición de premios:
¡Suprema apoteosis de nuestros pueriles empeños!

Por la mañana misa,
a toda orquesta, devotamente oída;
y en la noche la clásica velada:
recitaciones, música, comedia,
y discurso por un señor de talla.
¡Segunda nochebuena,
resumen del encanto de la época aquella!

REMEMBRANCES
To José Manuel Acosta

   Do you remember, Acosta,
how, when we were lads
—far–off times, gone forever—,
throughout the lessons of the entire year,
fruitlessly learned,
we ardently awaited the end of the course
in the clerical, archaic school
which ruled our childhood
as good, unnoticed boys,
to come to the distribution of awards—
a summary of the charm of our joyful,
uneventful early youth?

Commencement:
Supreme apotheosis of our childish efforts!

In the morning, a mass,
a grand mass, devotedly heard;
and in the evening the usual *soirèe*:
declamations, music, a comedy,
and a speech by a prominent gentleman.
A second Christmas Eve,
compendium of the charm of those days!

¡Qué emoción embargaba nuestro pecho
cuando entonaba el coro a voz en cuello
las estrofillas cursis de cantos alusivos:
'Ya llegó, compañeros queridos,
de los premios el grato momento...'!
Luego,
las calificaciones y los premios:
un libro encuadernado en cartulina
de la biblioteca titulada 'Perla',
que entonces, como ahora, editaba Calleja...
(Una vez me dieron *Los Mártires*,
de Chateaubriand, ¡cómo soñé sobre ellos!)

¡Los buenos maestros!
(Era gente buena
aunque ignoraba la moderna
pedagogía,
y quizás si, igualmente, la antigua.)
¡Qué claro recuerdo
la figura de un joven aldeano,
'recluta fresco aún del seminario',
que con desenfado
la lección en el texto señala:
'Desde aquí hasta aquí para mañana'!

¡Cuántas cosas dejaron de enseñarnos,
y, en cambio, cuántas otras nos enseñaron!

Allí nunca
aprendimos a amar a nuestra Cuba,
y sí a temerle al diablo,
uno de esos diablos de tridente y rabo.

Sin embargo,
eran siempre buenos
los padres aquellos,
siempre caritativos, bienhechores;
algunos de entre ellos —excepciones—

What emotion seized our hearts
when the choir sang at the top of their lungs
the corny little stanzas of allusive chants:
'Dear fellows, the happy moment
of the awards has arrived...'!
Then,
the final grades and the awards:
a cardboard–bound book
from the 'Pearl' collection
that then, as now, was published by Calleja...
(Once when they gave me *The Martyrs*
by Chateaubriand, how I dreamed about them!)

The good teachers!
(They were good people
although ignorant of modern teaching methods,
and perhaps even of old ones.)
How distinctly I remember
the figure of a young peasant,
'a recruit still fresh from the seminary',
who nonchalantly would indicate on the textbook:
'From here to here for tomorrow'.

How many things they failed to teach us,
and, on the other hand, how many others they did teach us!

There we never learned to love our Cuba,
but we did learn to fear the Devil,
one of those devils with pronged fork and tail.

However,
they were always good, those fathers,
always charitable, beneficent;
some of them —exceptions—

hasta cultos, y por lo menos...
por lo menos uno era santo.

¿Has olvidado, Acosta, cómo a pique
estuvimos ambos
de ser un par de clérigos tonsurados?
¿Cuál nuestra suerte fuera de habernos ordenado?
Tú, ciertamente, un místico
reproductor de célicas visiones
en magníficos óleos de estilo estrafalario;
y yo, ¡quién sabe!,
acaso un libertino
'abate joven de los madrigales';
o bien algún austero
reformador moderno,
o modernista, excomulgado
por sustentar doctrinas de heréticas tachadas
—bella ocasión en el concilio
que para el novecientos veinticinco
dicen que ha sido convocado—.
¡Buena cosa que a tiempo notara
no ser mi vocación la cura de almas!

Después... el mundo ante nosotros, ¡hombres!,
y sombra, hielo, y golpes, muchos golpes.
Para huir de las sombras y del hielo,
el suave amor, con su melancolía,
el otro amor, más triste todavía,
la ciencia de los sabios, los esfuerzos
cotidianos y estériles; el arte,
sofístico puerto salvador, y... hastío
siempre, a mitad del viaje.

¡Cuántas veces, Acosta, en el camino
hacia la meta de mis ensueños,
sobre mi pobre voluntad enferma,
he visto proyectarse, gigantesca,
la sombra del colegio!

even learned, and at least...
at least one was a saint.

Have you forgotten, Acosta, how we both were on the brink
of being a pair of tonsured clerics?
What would have been our lot had we been ordained?
You, certainly, a mystic
reproducer of heavenly visions
in magnificent oil paintings of a bizarre style;
and I, who knows!,
perhaps a libertine
'young abbé of the madrigals';
or perchance an austere
modern reformer, or modernist,
excommunicated for maintaining
propositions branded as heretical—
a fine occasion during the council
that they say has been called
for nineteen twenty–five.
A good thing it was that I realized in time
my vocation was not the care of souls!

Then... the world before us —men!—
and shadow, ice, and blows, many blows.
To flee from the shadows and the ice—
the gentle love with its melancholy,
the other love, sadder still,
the learning of the sages, the daily
and barren efforts; art,
a sophistical port of salvation, and... boredom
always half way through the journey.

How many times, Acosta, on the way
towards the goal of my dreams,
I have seen the giant shadow of the school
cast upon my poor ailing will!

(No obstante, los recuerdos
de mi primera época
tenían en mi mente un lugar predilecto.)

Hace varios junios
quise retrotraerme —siempre iluso—
a las dulces emociones de la infancia,
y visité nuestra ciudad letárgica
con el único objeto
de asistir al reparto de los premios
en nuestro arcaico y clerical colegio.

Algo había cambiado:
ya no ëra la fiesta en el patio
colonial que protegía un toldo enorme
del relente nocturno, aquella noche.
Se celebraba,
para mayor realce, en el mejor teatro,
contribuyendo al triunfo la prestancia
de las autoridades y el obispo.
Por lo demás, lo mismo:
recitaciones, música, comedia,
y discurso por un señor, etcétera.
Luego,
las calificaciones y los premios...

Escuché semejantes o parecidos
versitos cursilones de cantos alusivos.

Y aquellas cosas que en otro tiempo,
hoy para siempre ido,
el corazón me hacían saltar dentro del pecho,
ante mi asombro, me dejaron frío.

(Nevertheless, the recollections of my early days
held a favorite place in my mind.)

A few Junes ago
I wanted —always the dreamer— to skip back
to the sweet emotions of my childhood,
and so I paid a visit to our lethargic city
with the sole purpose
of attending the commencement ceremonies
in our archaic, clerical school.

Something had changed:
the meeting that evening was no longer held in the colonial
                                                      [patio,
protected by a huge awning from the night dampness.
It took place,
for greater splendor, in the best theater,
and to add to the effect was
the dignity of the authorities and the bishop.
As for the rest, the same as ever:
declamations, music, a comedy,
and a speech by a gentleman, etcetera.
Then,
the final grades and the awards...

I heard the same or similar
silly verses of allusive chants.

And all those things which in times of yore,
now forever gone,
made my heart jump within my chest,
to my own astonishment, left me cold.

SED LUX IN TENEBRIS LUCEBIT

Vendrás, dulcísimo desconocido...
Vendrás porque te siento agitarte en mí mismo.
Serás compensación a mi fracaso,
serás lo que yo nunca pude ser;
y valdrás mucho más de lo que valgo,
porque tendrás un poco de *su* ser.

Sabré anular mi orgullo
para ser el sumiso esclavo tuyo,
y mi orgullo, mañana, renacerá en tu triunfo.

En tanto sólo seas un trozo de mi carne,
yo seré un hosco dragón para guardarte;
mas cuando seas un gigante
seré a tus plantas como el polvo insignificante,
pero ante el mundo
alzaré altivamente la cabeza,
con pueril suficiencia,
porque en ti será lo que en mí no pudo.

Vendrás, para el placer de mi psiquis, por el placer de mi
[carne.
Vendrás... y ¡cómo sabrás acariciarme!

SED LUX IN TENEBRIS LUCEBIT

   You will come, my sweetest unknown...
You will come, for I feel you stirring in myself.
You will be a compensation for my failure,
you will be what I never could be;
and you will be much worthier than I am
because you will have something of *her*.

I shall learn to nullify my pride
to be your submissive slave,
and my pride will be reborn, tomorrow, in your triumph.

As long as] you are only a piece of my flesh
I will be a fierce dragon to guard you;
but when you become a giant
I shall be at your feet like insignificant dust,
but before the world
I shall proudly raise my head
with childish conceit,
because in you will be what could not in me.

You will come, for the pleasure of my psyche through the
                                   [pleasure of my flesh.
You will come... and what caresses will you lavish on me!

La vanidad del ensueño matarás en mi espíritu,
porque me harás responsable;
mas me darás, en cambio, la realidad de ti mismo,
que es mi ensueño más grande.

Vendrás, pues te presiento
y, cuando pienso en tu llegada, tiemblo,
y porque ardientemente lo deseo.

Vendrás, y un alba nueva resurgirá en mi vida,
y habrá motivo para que yo siga,
y se irán la tristeza y la ironía...

¿Vendrás?

You will kill the vanity of dreams in my spirit
because you will make me responsible,
and you will give me in return the reality of yourself,
which is my greatest dream.

You will come, for I foresee you,
and when I think of your arrival I tremble,
and because I ardently desire it.

You will come, and a new dawn will break into my life,
and there will be a reason for me to go on,
and sadness and irony will vanish...

Will you come?

RESONANCIAS

*La esclavitud de los hombres
es la gran pena del mundo.*
José Martí

RESONANCES

*The enslavement of men
is the world's greatest sorrow.*
José Martí

EXHORTACION AL ICONOCLASTA

¡Iconoclasta!
Ya llegó la hora de aullar con aullido siniestro
que espante los ánimos hasta
las reconditeces más ocultas: '¡Basta!
¡No más padre, ni dios, ni maestro!'

Ya llegó la hora de crispar la mano
y empuñar el hacha con nervioso a un tiempo que exultante
                                                         [gesto,
y olvidar que ëres hermano del género humano
si quieres,
en cada viviente, mañana, despierto, tener un hermano.

Ya sonó la hora. No demores. Presto
requiere la aguda piqueta, el recio martillo, la maza robusta
que astille los huesos contundentemente;
la bárbara honda, el dardo ligero, la daga sutil,
el ariete arcaico, la rústica azada, el hierro candente;
y usa del puño rotundo, la uña y el diente;
y para el cobarde, la bota; y la fusta
para el hipócrita vil.

No olvides la tea purificadora

EXHORTATION TO THE ICONOCLAST

   Iconoclast!
The time has come to shriek with a sinister howl
that frightens the soul
to its innermost depths: 'Enough!
No more father nor god nor teacher!'

The time has come to clench your fist
and to grip the axe with nervous, at the same time as exultant
                                                    [gesture,
and to forget you are the brother of mankind,
if you want
to have a brother tomorrow, in every awake living being.

The hour has struck. Do not tarry. Quickly
get the sharp–pointed pickaxe, the sturdy hammer, the
                                            [powerful mace
to bruisingly splinter the bones;
the barbarous sling, the swift dart, the subtle dagger,
the archaic battering ram, the rustic spade, the red hot iron;
and use the rotund fist, the fingernail and the teeth;
and for the coward, the boot; and the whip
for the vile hypocrite.

Do not forget the purifying torch

ni la terremótica bomba, sigilosamente brutal,
por cuya labor destructora
la naturaleza,
en ti, iconoclasta soberbio, contempla a su intrépido igual.

¡Ya sonó la hora del ataque! Cesa
en tu pusilánime compasión:
vestigios atávicos de edades que ha tiempo en la tumba del
                                        [pasado moran.
Prepara las armas, no para el combate,
porque las heroicas defensas las falsas deidades ignoran,
sino para la cruel destrucción.

¡Que tu refrenado rencor su sevicia salvaje desate
y que fulminantes destellos de un odio feroz
tu mirada irradie; y reflejos de flámicos rayos
inunden
las fraguas que funden
las armas alacres que han sed de justicia;
y que su caricia
fantásticamente rojiza ilumine los
rostros iracundos a la par que gayos
de aquéllos que, asiéndolas, con roncos rugidos
de rabia, serán atraídos
de tu iconoclastia libertaria en pos!

¡Socava, derrumba, rasga, despedaza,
aniquila, rompe, desmorona, arrasa,
siembra en torno tuyo la desolación!

¡Pulveriza, aplasta, fulmina, tritura,
mata, quema, corta, desgarra, tortura,
tu implacable lema sea 'destrucción'!

¡Destrucción! ¡Que este grito se escuche muy lejos, muy
                                                         [lejos...
En montes, en ríos, en mares, en selvas, en llanos;
proclamando que, al cabo, el ocaso llegó de lo viejo,

nor the seismic bomb, stealthily brutal,
through whose destructive work
Nature
finds in you, proud iconoclast, its intrepid peer.

The time has come for attacking! Cease
your pusillanimous pity:
atavistic vestige of ages long dwelling in the grave of the
[past.
Prepare your weapons, not for battle,
because false deities know nothing of heroic defenses,
but for cruel destruction.

Let your restrained rancor burst forth in its savage
[fierceness,
and your eyes radiate fulminating sparks of ferocious hate;
and may reflections of flaming rays
flood the furnaces that forge
the eager arms thirsty for justice;
and may
their fantastically reddish caress, light up
the wrathful and equally bright faces
of those who, seizing them, with hoarse cries of rage
will be attracted to follow your liberating iconoclasm!

Undermine, tear down, slash, smash,
annihilate, break, demolish, raze,
sow desolation about you!

Pulverize, crunch, fulminate, crush,
kill, burn, cut, rend, torture,
let your implacable slogan be 'destruction'!

Destruction! Let this cry be heard far, far away...
Upon mountains, and rivers, and seas, and forests, and
[plains,
proclaiming that at last the twilight of the old has arrived,

que cayeron los falsos mentores, los ídolos vanos!

Y si en medio de tal hecatombe oyeres el hondo lamento
de algún inocente que va a perecer,
y te implora piedad, y un momento
sientes que flaquea tu ánimo o tu brazo,
¡suprímete y deja al que sigue que empuñe la tea
que en tu rígido puño flamea!
¿Los ídolos ser
supieron piadosos acaso
con doliente o viejo, con niño o mujer?

¡Destruye, destruye a la vez que aúllas tu aullido siniestro,
por placer, aunque sepas que nada nuevo crearás!
Mas
tus hijos dirán ampliamente: '¡El futuro es nuestro!'
¡Destruye y no mires arriba ni abajo ni atrás!

Iconoclasta,
así que se encuentre a tus plantas de innobles fetiches la
[casta,
habrá quien levante del suelo su inmunda cabeza
para lisonjearte como antaño hiciera con aquéllos. De esa
mezquina alimaña escupe la faz
(¡ay de ti si logra en tu cuerpo vaciar su insensible veneno!)
y lanza al espacio la injusta amenaza de Breno:
'*Vae victis! Vae victis!*' ¡Que caigan por siempre jamás!

Al fin el instante
vendrá en que no quede cosa destruible
ya por destruir.
Entonces elige la pila más alta de escombros
y trepando a su cima humeante
colma los asombros
del orbe con reto insultante
retando —¡sublime y absurdo rebelde!— a las impasibles,
remotas estrellas,

that the false mentors, the vain idols have fallen!

And if in the midst of such a hecatomb you hear
the deep lamentation of some innocent about to perish,
and he implores your pity, and you feel for a moment
that your courage or your arm weakens,
cut yourself out and let the one behind you take the torch
flaming in your rigid fist!
Were the idols
ever merciful
to the infirm or the old, to children or women?

Destroy, destroy while you shriek your sinister howl,
for mere pleasure, even knowing you will create nothing
[new!
But
your children will expansively say: 'The future is ours!'
Destroy and look neither up nor down nor back!

Iconoclast,
once you have at your feet the caste of ignoble fetishes,
there will perchance be someone raising his filthy head from
[the ground
to flatter you as he did others of yore.
Spit in the face of that mean vermin
(woe to you if he succeeds in emptying his unsensed poison
[into your body!)
and cry to the air the unjust threat of Brennus:
'*Vae victis! Vae victis!*' Let them fall forevermore!

At last the moment
will come when nothing destructible
remains to be destroyed.
Choose, then, the highest pile of debris
and, climbing to its smoking summit,
astonish the world with an insulting challenge
by defying —sublime and absurd rebel!— the impassive,
remote stars.

que ellas
sabrán por tu reto de loco que abriste la puerta de lo
[porvenir.

Y finando tu bella y simbólica pretensión insana,
al universo, de júbilo extático,
hará ensordecer
un grito de triunfo que corta los aires enfático.
¡El grito que anuncia que al primer destello del alba triunfal
[del mañana,
huyó para siempre el ruin y podrido y decrépito y sórdido
[ayer!

And they will know by your madman's challenge
that you have opened the door to the future.

And, once finished, your beautiful, symbolic and insane
                                              [aspiration,
the universe, by ecstatic joy possessed, will be deafened
by a victorious cry emphatically cutting the air.
A cry proclaiming that at the first sparkle of tomorrow's
                                              [triumphal dawn,
forever fled the base and rotten and decrepit and sordid
                                              [yesterday!

TERCETOS PATRIOS
A Rubén Martínez Villena

Brindo por la enorme patria sin fronteras...
Agustín Acosta

¿A quién mejor que a ti, Rubén, mis versos,
cuando a la patria, contingentemente,
dedico yo mis líricos esfuerzos?

Dedicación a la que, solamente,
indignado, me impulsa, a pesar mío,
la indignidad total de nuestra gente;

y a mi despecho, porque desconfío
del lirismo patriótico en la era
del *chivo*[8] y la *botella*[9], en que es baldío

el sacrificio de Martí, que hubiera
debido ser un dios del universo
antes que perecer por la quimera

de hacer un pueblo del montón disperso
de carneros sin vista, a los que guía
siempre un pastor imbécil o perverso

PATRIOTIC TERCETS
To Rubén Martínez Villena

I toast the huge frontierless fatherland...
Agustín Acosta

To whom better than to you, Rubén, my verses,
when to the fatherland I, contingently,
dedicate my lyrics efforts?

Dedication to which solely impels me,
full of indignation, against my will,
the total indignity of our people;

and despite myself, because I distrust
patriotic lyricism in these times
of *chivo*[18] and *botella*[19] when useless is

the sacrifice of Martí, who
ought to have been a god of the universe
instead of dying for the chimaera

of making a true people from the scattered mass
of sightless sheep always guided
by a stupid or wicked shepherd

que tiene por cayado la triste alegoría
de una barra de centavos envuelta en papel higiénico.
Y no ya con protestas, ¡con qué idiota alegría

o funesto fatalismo sarracénico,
sufre el coro de ovejas el alarde
de su malvado director escénico!

¿Ha de dársele tacha de cobarde,
o disculpársele por inconsciente?
Mi opinión es que siempre ha sido tarde

—desde el descubrimiento hasta el presente—,
que, para liberarle de sí mismo,
luchar, es laborar inútilmente.

Suyo es el virus del tropicalismo
y la herencia nefanda de Pelayo
y la desdicha del nacionalismo

que un día fatídico de mayo
nació raquitíco a vivir sin vida,
porque le dio la gana a nuestro ayo.

¡Qué bueno entre la turba envilecida
encontrar tu patriótico entusiasmo,
fuente impoluta que a beber convida!

Mas que al fin se deshace en un marasmo
—forzoso cementerio
de ideales— y es presa del sarcasmo

de lo fatal. No obstante, a mi criterio,
ante tu ardor, traté con menoscabo;
tuve fe en la eficacia del cauterio,

trabajé (no es extraño, ya que al cabo
soy un ingenuo) por que se aplicara...

who has for staff the sorry allegory
of a roll of pennies wrapped in toilet paper.
But not with protests— with an idiotic joy,

or a dismal Islamic fatalism,
the choir of sheep suffers the boasting
of their knavish stage manager!

Must we stigmatize them as cowards
or exculpate them as irresponsible?
My opinion is that it has always been too late

—from the Discovery to the present—,
that to strive to free them
from themselves is a useless task.

Theirs is the virus of tropicalism
and Pelayo's nefarious legacy
and the misfortune of nationalism

which on a fateful May day
was born rickety to a lifeless living
because our guardian so felt like it.

How pleasant it is, amid the debased mob,
to find your patriotic enthusiasm,
an unpolluted fount inviting one to drink!

But finally it wastes away
in a marasmus —forced cemetery
of ideals— and falls prey to the sarcasm

of fatality. Nevertheless, faced with your ardor,
I discredited my own judgment;
I believed the cautery would be efficient.

I labored (not strange, as, after all,
I am a naive fellow) to have it applied...

¡y, como a todos, me pusieron rabo!

Pero nada a tu pena se compara,
pues el más exaltado fue tu anhelo,
y tu valor el que más dio la cara.

Sé que es impertinente mi consuelo
y están de más los líricos sermones,
mas no merece tu menor desvelo

esta piara irrisoria de bufones,
de emasculados guapos, de tunantes
y de diversas castas de ladrones,

en la que pontifican los farsantes
y, por tragar tranquilos un bocado,
tiene el menor Pacheco[10] hierofantes.

Al fin lo mismo da ser gobernado
por cuatro tipos de cualquiera laya,
si es un inepto el que no está manchado.

Por eso, si tu intento no desmaya
y conquista el objeto apetecido,
que no es justicia, a lo mejor, se halla;

y no es bien que te tomen por bandido
los descastados que ante el mal exclaman
indiferentes: '¡Esto está perdido!'

y, aunque inconscientemente, se proclaman
turba esclava que en ello se gloría;
y con sus gestas, un señor reclaman.

Sin embargo, si hurgares en la conciencia mía,
una esperanza última encontrarás flagrante,
que ayer tras otra vana se escondía.

and on me, as on everyone else, they stuck a tail[20]!

But nothing is collated to your grief,
since your yearning was the highest,
and your courage the most conspicuous.

I know that my words of comfort are impertinent,
and that lyric sermons are superfluous,
but unworthy of your least anxiety

is the laughable herd of hoggish buffoons,
of emasculated brawlers, of rascals,
and of sundry kinds of thieves,

among whom humbugs pontificate,
and, for them to swallow a morsel in peace,
the least Pacheco[21] has his hierophants.

After all, it doesn't matter being ruled
by four guys of any breed whatever
if only the incompetent are uncorrupted.

That is why, if your purpose does not falter,
and wins the objective it has craved for,
you may find it probably is not justice;

and it is not right that you be taken for a bandit
by bastards who, faced with evil, exclaim
indifferently: 'There's nothing to be done!'

and, although unwittingly, proclaim themselves
a servile rabble proud of being such,
and by their deeds demand a master.

However, should you delve into my conscience,
you would find a last flagrant hope that yesterday
behind another idle one was hidden.

Un astro nuevo, ha poco, en el levante
ha surgido del fondo del abismo
y se acerca con paso de gigante.

Secuaces de un más amplio patriotismo,
busquemos presurosos su contagio
de luz, que mate nuestro pesimismo.

Ansiosamente el óptimo presagio
de su llegada aguarda mi congoja,
pues veo en nuestro cierto, inminente naufragio,
como sola esperanza, el alba roja.

A new star arose not long ago in the east
from the depths of the abysm,
and with giant strides approaches.

Let us, followers of a wider patriotism,
hasten to seek the contagion of its light,
that it may kill our pessimism.

Anxiously the utmost omen
of its arrival my anguish awaits,
for in our certain, imminent shipwreck,
I see, as only hope, the red dawn.

VUELO AUSTRAL DE AGUILAS

En torno a una constelación de estrellas fijas
(¡y tan fijas!)
gira —satélite de piedra pómez—
nuestra opacada estrella errante.

Millones de águilas decimales
bajan con creciente frecuencia
a hacer su nido en los cañaverales.

Lejos de echarlas de sus predios,
las reclaman con cebo, les mullen el nido
y les peinan el plumaje los dueños:
Gavilanes, serviles con las águilas,
y con las gallinas, arrogantes.

Las gallinas —se cuentan por millares—,
parásitas en sus propios matorrales,
odian a las águilas, temen a los gavilanes
y adoran a los decimales.

En torno a la constelación de estrellas fijas,
¿girará eternamente nuestra ruin estrella errante?

AUSTRAL FLIGHT OF EAGLES

Around a constellation of fixed stars
(and so fixed!)
is circling our shadowed errant star—
a pumice stone satellite.

Millions of decimal eagles
come down with increasing frequency
to make their nests in the cane fields.

Far from chasing them off their property,
the masters decoy them with bait,
they soften their nests,
and comb their feathers.
Masters who are hawks, servile to the eagles
and haughty to the hens.

The hens —you count them by the thousands—,
parasites on their own moors,
hate the eagles, fear the hawks,
and adore the decimals.

Around the constellation of fixed stars,
will our mean errant star circle forever?

Porque las gallinas han de ser siempre gallinas,
y los gavilanes, gavilanes,
es y será fatalmente incontenible
el vuelo austral de las águilas decimales.

The Sterile Seed

Since hens will always be hens,
and hawks, hawks,
fatally irrepressible is and forever will be
the austral flight of decimal eagles.

EL EQUILIBRISTA

¡Siempre en la cuerda floja,
mi pequeño burgués!

Oscilas a la diestra,
oscilas a la izquierda:
'¡Me tiro, no me tiro...!
¡a la una, a las dos, a las tres!'
... ¡Y sigues en la cuerda floja,
ex barón —descontento y satisfecho—
del ochenta y tres, treinta y tres[11]!

Te sacan el sollate
como al ganapán más hambriento y miserable,
mi pequeño pingüino–burgués.
Y tú, como si nada,
metido en el corset de tu importancia,
amarrado al buró papelero y mohoso,
al antro leguleyo de un letrado más gordo,
a un pliego de papel ferroprusiato,
a tu maletín the matasano,
a unas cuartillas de dudoso blanco
o a la silla del sapiente profesor,
cuando no a un encantado[12] mostrador;
con el cabello rezumando grasa

THE EQUILIBRIST

    Always on the tightrope,
my little bourgeois!

You swing to the right,
you swing to the left—
'Shall I jump? Shall I not?
One, two, three!'
... And you stay on the tightrope,
you, former baron —displeased and satisfied —
of the eighty–three, thirty–three[22]!

They skin you
as they do the wretchedest and hungriest drudge,
my little penguin–bourgeois.
And you, as if nothing happened,
stuck in the corset of your self–importance,
tied to the musty, paper–covered desk,
to the pettifoggerish den of a stouter lawyer,
to a sheet of blueprint,
to your quack's medical valise,
to a few sheets of off–white paper,
or to the chair of the learned professor,
if not to an enchanted[23] shop counter;
with your hair oozing grease,

y tu camisa de liquidación
y tu *apéame-uno* de dril-99[13]
(¡qué cuidado precisa cuando llueve!),
ocultando zurcidos y remiendos
(¿cuándo mejorará la situación?),
sigues impertérrito
—¿sordo, ciego, bobo, descuidado o terco?—
sueña que te sueña
con unas cuantas voces extranjeras
que terminan en *club*, que tú pronuncias *clob*,
la cuña, las carreras, *Montmartre*[14], Nueva York...
Y mientras tanto te contentas
con los *ilustres*[15] y las *academias*[16]
y una tandita de las nueve y media[17],
y el *peralta*[18]
y la *compuesta*[19] que raspa la garganta
y el *sube-y-baja*[20] del café,
donde discutes, más que de política,
de la legión de *cajnes* que conquistas,
mi pequeño juanito-burgués.

Y si eres intelectual, ¡quién te soporta!
¡Cómo te esfuerzas y filosofas
para justificar la cuerda floja,
mi pequeño sofista-burgués!

¡No te des tanta lija[21],
mi pequeño burgués!

¿Cómo se explica
que a ti te quede aceite todavía
para engrasar los goznes
de tu espinazo dócil,
reajustado pequeño burgués?

Alma de cuello duro,

and your bargain sale shirt,
and your drill–99 *hand–me–down–one*[24]
(what a lot of care it requires in the rain!),
hiding darnings and patches
(when will things get better?),
you go on dauntlessly
—deaf, blind, foolish, careless or stubborn?—
dreaming and dreaming
of a few foreign words
that end with *club* that you pronounce *clob*,
the sports car, the horse races, *Montmartre*[25], New
                                                [York...

And in the meanwhile you are contented
with the *illustrious*[26] and the *academies*[27],
and a movie film at half past nine[28],
and the *peralta*[29]
and the *compuesta*[30] that stings the throat
and the *up–and–down*[31] in the coffee house,
where you discuss, more than politics,
the legion of broads you conquer,
my little Johnny–bourgeois[32].

And if you are an intellectual, who can bear you?
How you do exert yourself and philosophize
in order to justify the tightrope,
my little sophist–bourgeois!

Don't strut so much,
my little bourgeois!

How do you account for
still having some oil
to lubricate the hinges
of your pliant spine,
you, readjusted little bourgeois?

You, hard–collar soul,

escalera de manos,
ponte en los sesos tus lentes de carey,
y mira a la derecha,
y otea bien hacia la izquierda,
para ver si por fin te arrojas
de la peligrosa cuerda floja,
pobrecito pequeño burgués.

you, ladder,
put your tortoise–shell rimmed glasses
on your brain,
and look to the right,
and observe very closely to the left,
to see whether at last you may jump down
from the dangerous tightrope,
you, poor little bourgeois.

LA BALADA DEL PAN

En el horizonte, hacia el ocaso,
monta la guardia un gigantesco centinela de algodón.

En los campos de Cuba libre,
con su múltiple fusta de oro,
el mayoral de las alturas
azota la espalda de la servidumbre tricolor.

Por el derecho a no morir de hambre
el siervo libre destroza a su madre
para entregar las vísceras a los dueños del sol.
Y al desgarrar la maternal entraña
no escucha, sordo, los rumores que escapan
de las heridas: broncos y siniestros, como de volcán.
Y, con el puño en el arado
y los ojos en anteayer,
¿qué ha de hacer sino dar a los vientos
su legendaria endecha patriota y criminal?

'Cuando del alba la estrella
álzase en el horizonte,
libre y feliz voy al monte
cantándole a Cuba bella.

BALLAD OF THE BREAD

On the horizon, towards the sunset,
a gigantic cotton sentinel stands guard.

In the fields of free Cuba,
with his multi–lashed whip of gold,
the foreman of the heights
scourges the backs of the tricolor servitude.

For the right of not dying of hunger
the free serf ravages his mother
rendering her entrails to the masters of the sun.
And while ripping out his mother's guts,
deafened, he fails to hear the sounds that break
from the wounds— harsh and ominous, like those of a
[volcano.
And with his fist on the plow
and his eyes on the day before yesterday,
what has he to do but to give to the winds
his legendary, patriotic and criminal stanza?

> 'When the morning star
> rises over the horizon,
> free and happy I go to the fields
> singing to my beautiful Cuba.

Con valor luché por ella
para hacerla independiente.
Ya aquí no manda más gente
que la que ha nacido aquí;
y mi patria es para mí,
libre, feliz, sonriente.'

En el horizonte remoto
se ha vestido de rojo el centinela de algodón.

Allá lejos, en el bohío, cuatro minúsculos terrones
expulgan a la madre añorando un bocado de pan.
Y en el patio,
el clarín simbólico del gallo
deja oír su alarmante y sonoro qui–quiri–quí:
alarma que no ha escuchado nadie
aunque están todos cansados de oír.

De la ciudad lejana
viene un sordo y amenazador runrún de libertad.
Y en los campos de Cuba libre
hay esporádicas respuestas
que provocan los latigazos de la prolongada falta de pan.
'¡A la calle, muchachos, que ya el trabajo se acabó!

Los almacenes están llenos,
a buscar *pega*[22] en otro lado...'

Cruza los campos un rebaño de carneros
—los dientes son de lobos—
azotados por la fusta múltiple y áurea
de su remoto mayoral.
Unos se quedan en los campos de Cuba libre
y otros se acogen a la abyecta y prometedora ciudad,
de donde vienen volcánicos rumores de justicia y de
[libertad.

¡Pan! ¡Pan!

The Sterile Seed

I bravely fought for her
to make her independent.
Now the only people who command here
are those who were born here;
and my country is for me
free, happy and smiling.'

On the remote horizon
the cotton sentinel is dressed in red.

Far away, in the *bohío*[33], four tiny clods
scratch at their mother, yearning for a piece of bread.
And in the yard, the rooster
lets the alarming and sonorous cock-a-doodle-do
of its symbolic clarion be heard:
an alarm that nobody has listened to
although everybody is tired of hearing it.

From the distant city
comes a dull and threatening murmur of liberty.
And in the fields of free Cuba
there are sporadic rejoinders
provoked by the whiplash of prolonged want of bread.
'To the street, fellows; there is no more work!

The warehouses are full;
go look for jobs somewhere else...'

A flock of sheep cross the fields
—theirs are wolves' teeth—
scourged by the multi-lashed golden whip
of their remote foreman.
A few of them remain in the fields of free Cuba,
and others take refuge in the abject and promising city,
whence come volcanic rumors of justice and liberty.

Bread! Bread!

Los almacenes estan abarrotados...
¡Pan, pan!

'Una limosna, caballero...'
¡Pan!

'¡A *quilito*(23), cinco un medio(24)...!'
¡Pan!

'Oye, mi vida, entra, ven acá...'
¡Pan!

'¡El 11,530!'
¡Pan!

'Al fin hallé trabajo en el *Ten Cents*...'
¡Pan!

'Aquí tengo mi cédula electoral...'
¡Pan!

Si los almacenes están repletos,
¡a los almacenes!
¡Pan, pan!

Y el rebaño de ovejas, entre osado y medroso,
sigue la voz de dos que despertaron
bajo el latigazo de la inanición.

¡A los almacenes abarrotados!
¡Pan, pan!

Pero ya atienden presto a su demanda,
ya van a darles lo que están pidiendo,
ya llegan presurosos los panaderos...

¡Pan, pan!
Un momento... ¡ahí lo tienen!

The warehouses are overstocked...
Bread! Bread!

'Alms, please, sir...'
Bread!

'Only a penny! Five for a nickel...!'
Bread!

'Listen, darling, come on in, come here...'
Bread!

'Number 11,530[34]!'
Bread!

'At last I got a job at the *Five-and-Ten*...'
Bread!

'Here's my voting card[35]...'
Bread!

If the warehouses are overstocked,
to the warehouses!
Bread! Bread!

And the flock of sheep, half daring, half timorous,
follow the voices of two that woke up
under the lash of starvation.

To the overstocked warehouses!
Bread! Bread!

But now their demand is receiving quick attention,
they are going to give them what they are asking for,
the bakers are rushing up...

Bread! Bread!
Just a moment... There you have it!

¡Pam! ¡Pam, pam!

Tres o cuatro carneros besaron a su madre
—ya nunca volverán a tener hambre—
y los demás se dispersaron,
acallando sus ganas de pan.

En el horizonte, hacia el ocaso,
el centinela gigantesco,
vistiendo uniforme de gala,
saca una pierna para marchar.

Y allá en los campos de Cuba libre,
hostigando la yunta con su lancinante aguijón,
el arador, mugriento y sudoroso,
regresa al bohío entonando una endecha de amor:

>   '¡Con qué placer moriría
>   por un beso de tus labios
>   que borrara los agravios
>   que tú me has hecho, alma mía!
>   Con gusto me entregaría
>   a los fatales abrazos
>   de la muerte, si en tus brazos
>   sólo un instante me viera...
>   ¡Oh, qué placentero fuera
>   morir preso en esos lazos!'

Y no se da cuenta de que camina sobre un volcán.

—Guajiro[25], de la ciudad están llegando
unos rumores de libertad.

—¿De libertad? ¿Quién ha dicho que no soy libre?
Con mi machete conquisté la libertad;
y hoy yo voto por quien me da la gana,
y mañana, domingo, no trabajo;
voy a apostar dos *bolos*[26] a mi gallo.

Bang[36]! Bang! Bang!

Three or four sheep kissed their mother
—they will never be hungry again—
and the rest scattered,
silencing their hunger for bread.

On the horizon, towards the sunset,
the giant sentinel,
dressed in gala uniform,
puts forward a leg preparing to march.

And out there in the fields of free Cuba,
harassing his yoked oxen with the piercing goad,
the dirty, sweating plowman
returns to the *bohío* singing a stanza of love:

> 'With what pleasure I would die
> for a kiss from your lips
> to erase the harm
> you have done me, my love!
> With delight I'd give myself up
> to the fatal embraces
> of death if I could be
> in your arms just for an instant...
> Oh, how pleasant it would be
> to die imprisoned by such bonds!'

And he does not realize he is walking on a volcano.

'*Guajiro*[37], from the city are coming
certain rumors of liberty.'

'Of liberty? Who says I am not free?
With my machete I conquered liberty,
and nowadays I vote for whomever I like,
and tomorrow —Sunday— I won't work:
I'm going to bet two bucks on my gamecock.'

—Perdona, buen guajiro, se me había olvidado
que en los campos de Cuba libre todavía hay peleas de
[gallos.

En el horizonte, hacia el ocaso,
el gigantesco centinela
se ha envuelto en un capote gris obscuro
y se ha echado a dormir a pierna suelta.

'Pardon me, good *guajiro*, I had forgotten
that in the fields of free Cuba
there are still cockfights.'

On the horizon, towards the sunset,
the giant sentinel
has wrapped himself in a dark gray cloak
and fallen asleep like a log.

SIMPATIZANTES

Sabrosísima suerte la del simpatizante
intelectual: guabina[27] y burgués vergonzante.

Conoce las teorías tan bien como los textos,
y a la hora del cuajo nunca faltan pretextos:

La familia, el inadecuado temperamento,
la salud, el empleo o cualquier otro cuento.

Y si acaso resbala hay siempre, al otro lado
de la cerca, un amigo que apadrine al cuitado.

—Es disparate insigne, indiscutiblemente,
quemar detrás de uno la chalupa o el puente.

Ese señor tan digno es de la misma tela
de los que, cuando tocan a sacarse la muela,

se meten en la jaula de sus hermanos loros
y desde la barrera contemplan a los toros.

Es para los burgueses no más que un renegado,
y para el proletario, hermanastro taimado

FELLOW–TRAVELERS

Delicious lot that of the intellectual fellow–traveler:
a jellyfish and shamefaced bourgeois.

He knows the theory as well as the textbooks,
but he never lacks excuses at the moment of truth.

The family, the inadequate disposition,
health, a job, or some other story.

And if perchance he slips, there is always a friend
to help the poor fellow on the other side of the fence.

'It is doubtless a great mistake
to burn your boat or your bridge behind you.'

That worthy gentleman is cut from the same cloth
of those who, when the time to pull out a tooth arrives,

get into the cage of their brother–parrots
and watch the bullfight from behind the barrier.

He is to the bourgeois only a renegade,
and to the proletarian, a sly stepbrother

que busca, con la ayuda superior de su ciencia,
trepar a su cabeza o calmar su impaciencia.

Siempre tiene en la boca el antiimperialismo,
Marx, Lenin, la dialéctica, la URSS, el comunismo,

el amor libre, el arte de masas, la visión
del mundo socialista y la revolución.

Pero no deja un día de cenar a manteles
para abrir al obrero sus teóricos joyeles;

ni sacrifica el precio de un libro o una pijama
para que coma un preso o salga una proclama.

(Para servir la causa con efectividad
necesita instruirse, y con comodidad.)

Y en amor... es derecho natural de ambos sexos
hacer lo que les venga en ganas con sus sexos;

nada tiene de malo aprovechar el *chance*,
y más, cuando se trata de un pasajero trance...

Pero si su señora se muestra un poco tierna
con otro, ya está el hombre convertido en galerna.

Para la inconsecuencia siempre hay un paliativo:
'Preparación le falta...' 'El medio en que yo vivo...'

Y la peor tragedia es que el hombre es sincero,
y cree en esas doctrinas tanto como el primero.

El no tiene la culpa que un millón de alfileres
invisibles lo prendan al pasado. ¿Qué quieres

who tries, with the superior help of his science,
to crawl on top of him, or calm his impatience.

He is always talking about anti-imperialism,
about Marx, Lenin, dialectics, the USSR, communism,

free love, the art of the masses, about the vision
of a socialist world, and about revolution.

But not for a single day does he give up a banquet
in order to open, for the workers, his theoretical caskets of
[jewels;

nor does he ever sacrifice the cost of a book or a pair of
[pajamas
that a inmate may eat a little better or a manifesto be printed.

(To serve the cause effectively
he must study a great deal, and comfortably.)

And about love... it is a natural right of both sexes
to do whatever they feel like with their sex organs;

there's nothing wrong with taking advantage of the chance,
and more so if it is a passing occasion...

But if his own wife looks tenderly at someone else,
the good man is soon changed into a fury.

For the inconsistency there's always a palliative:
'She lacks preparation...' 'The environment where I live...'

And the worst tragedy is that the fellow is sincere
and believes in those tenets as well as anyone.

He is not to blame that a million invisible pins
fasten him to the past. What do you want him

que haga el pobre sino pregonar los servicios
que ha prestado a la causa con tantos sacrificios?

Haces bien, proletario, en tener desconfianza
del que canta al torrente pero que no se lanza,

mas piensa que es un ente débil y delicado,
y podría en el agua pescar un resfriado.

Aprovecha su ciencia y su sinceridad,
y mófate y olvídate de su plasticidad.

Y a mí, de quien la boca no sabe estarse muda,
tenme en cuenta, mañana, mi franqueza desnuda.

to do, the poor devil, but proclaim the services
he has rendered to the cause with so many sacrifices?

You are right, proletarian, to mistrust him
who praises the torrent but does not throw himself in,

but consider that he is a weak and frail being,
and could catch a cold in the water.

Take advantage of his science and his sincerity,
and mock and forget his plasticity.

And about me, whose mouth can't remain shut,
take into account tomorrow my naked candor.

LOS TRILLOS INEVITABLES

> *... la otra cosa era
> por haber juntamiento con fembra placentera.*
> Arcipreste de Hita

THE UNAVOIDABLE TRAILS

*... the other thing was
to have intercourse with a pleasant female.*
Arcipreste de Hita

PERSISTENCIA

¿Por qué, contra mi deseo,
esa persistencia contumaz del recuerdo
de una hora crepuscular de febrero
en que, débil criatura,
salida de entre faldas de mujeres y curas,
me amarraron tus ojos
(claro esté que negros)
a la recua de los enamorados bobos?

¿Por qué desde entonces en mi vida,
improcedente y anodina,
el hoy es siempre como el ayer?
¿Por qué de día y de noche esos anhelos
tan vulgares y que, desde luego,
de sobra sé que nunca podrán ser?

De tenerte apretada entre mis brazos
e hincar mis dientes en tu ardiente boca,
y la mía vacilara do quemarte
por querer a la vez besarte toda.

De apoyar en tu seno de tanagra
mi frente, albergue obscuro de mil monstruos,
de tanto, tanto desear cansada:

PERSISTENCE

   Why, against my wishes,
this stubborn, persistent recollection
of a twilight hour in February
when, a feeble creature,
just come out from among the skirts of women and priests,
your eyes (black, of course) tied me
to the string of lovesick simpletons?

Why, since that day in my life
—irrelevant and inane— ,
is today always like yesterday?
Why, day and night, those common yearnings
for what I know only too well, of course,
can never be?

To hold you tightly in my arms
and sink my teeth into your ardent mouth,
while mine would waver as to where to burn you
wanting to kiss the whole of you at once.

To lean on your Tanagra breast
my head, dark dwelling of a thousand monsters,
wearied with so much, so much desiring:

que a tus besos sangrasen mis labios,
y ciegos para siempre dejara mis ávidos ojos
el relámpago cruel de tu mirada.

Que tus inquietos dedos *virtuosos*
se pusiesen a jugar con mi cabello.
(Me estremezco al pensar en el contraste
de mi pelo rojo y tu pelo negro.)

De aterirme de frío
al escuchar tus mejores palabras;
y murmurar tales cosas a tu oído
que te hicieran ponerte colorada.

Y sentir tu cuerpo fragante
temblar de placer en mis brazos,
y olvidarme de la pícara existencia
en el misterio de tus abrazos.
Y marcharnos juntos
a casa del diablo,
donde nadie se entere que se ha hecho el milagro
de un mito que los griegos inventaron.

¡Toca, lechero! Si a pesar mío
no puedo apartarme del trillo
que me trazó con rasgos feos
la mano torpe de eso que llaman destino.

Contra la terquedad de tu fantasma
yo ya no sé qué voy a hacer;
y lo peor es que pasan los años
y el hoy es siempre como el ayer.

Y así muchos o pocos, hasta un día
en que venga a visitarme una gran dama
y una cortés invitación me haga.

that my lips might bleed from your kisses,
and my avid eyes be blinded forever
by the cruel lightning of your glance.

That your restless, *skillful* fingers
would play with my hair.
(I shudder on thinking of the contrast
between my red and your black hair.)

To grow numb with cold
listening to your nicest words;
and whisper such things in your ear
as would make you blush.

To feel your fragrant body
tremble with pleasure in my arms,
and to forget scheming existence
in the mystery of your embraces.
And go off together
to the devil's,
where no one will ever find out
that a myth invented by the Greeks
has miraculously come true.

Wake up! Indeed in spite of myself
I cannot move off the path
that was traced for me with ugly strokes
by the clumsy hand of whatever passes for destiny.

Against your stubborn specter
I do not know what to do;
and the worst of it is that the years go by
and today is always like yesterday.

And a few or many will go by until the day
when a great lady comes to call on me
and tenders me a gracious invitation.

Irán a despedirme únicamente
un par de amigos que se me parezcan,
y quién sabe si hasta haya plañidera.

Sin que rezongue un católico responso
un mal cura de misa y olla,
a toda prisa, pues que se hará tarde,
echarán la carroña en la hoya.

Después, en forma de una cruz dos tablas
y el hipócrita R.I.P.
en un perdido rincón del cementerio,
y al año: '¿Quién fue Tallet?'

Si por ventura te llegare la noticia,
Dios solamente sabe qué impresión
te causará; quizás no se te escape
la más imperceptible exclamación.

Para entonces ya serás una matrona
con muchos hijos y muchos años,
algunas arrugas, bastantes canas
y ¡tantísimos desengaños!

Y tu honesto marido, un buen señor
sin otro interés en la vida
que hacer plata y dormir la siesta
en el cuarto de su querida.

Sin embargo, puede ser que algún suspiro
se te vaya, de vez en vez,
mientras zurzas un par de medias
o quites el churre a tus bebés,
recordando a aquel pobre diablo, poeta,
que se comieron los gusanos;
aquél cuya suerte tuviste
durante tantos años en tus manos.

Just a couple of friends, of my own stamp,
will come to bid me farewell,
and there may even be a hired mourner.

Without even a poor, ignorant cleric
to mutter a Catholic responsory,
in all haste, since it will be getting late,
they will throw the carrion into the hole.

Afterwards, two boards in the shape of a cross,
and the hypocritical R.I.P.
in a dark corner of the cemetery,
and a year later, 'Who was Tallet?'

If you by chance receive the news,
God only knows what impression
it will make on you; perhaps you will not utter
even the slightest interjection.

By then you will be a matron
with many children and many years,
a few wrinkles, a good number of silver threads,
and such a lot of disappointments!

And your honest husband, a good fellow
with no other interests in life
than getting making money and taking a nap
in the bedroom of his mistress.

However, perhaps a sigh
may escape you now and then,
while darning a pair of socks
or getting the crud off your babes,
remembering that poor devil, that poet
whom the worms have devoured;
him whose fate you held
for so many years in your hands.

Y al recuerdo, sonriendo extrañamente,
distraída dejes de hacer,
con la mirada fija en el vacío,
pensando en lo que pudo ser...

Y '¡pobre loco!', musites en tono
muy dulce, muy triste, muy bajo,
volviendo con empeño a lo que hacías
con la aguja o el estropajo.

And, at the remembrance, strangely smiling,
you will absent-mindedly pause in your chore,
with your gaze fixed in the void,
thinking of what might have been.

And 'poor madman!', you will mutter
in a very sweet, very sad, very low tone,
then returning assiduously to your task
with the needle or the washcloth.

POSIBILIDADES

   Tú ignoras que yo te quiero
y tal vez nunca lo hayas de sospechar,
aunque eres para mí las estrellas, el claro de luna,
el alba, el ocaso y todo lo demás
que amaban los románticos del buen tiempo viejo
y que ya no se usa...

Es cuestión de categorías,
y tú estás
varios peldaños más arriba...
Y yo no podré subir y tú no querrás bajar
(o no te dejarán bajar).

Por eso no puedes tener la más leve sospecha
de que, cuando te miran, mis ojos, ávidos, te besan,
y como nunca, nunca lo sabrás,
sólo soy para ti uno de tantos amigos a quienes se dice:
'Buenas noches, Fulano, ¿cómo sigue
de su catarro?', o poco más.

Así, nuestras vidas, acaso gemelas,
se rozarán al paso con indiferencia
cortés —más o menos glacial—

POSSIBILITIES

You don't know that I'm in love with you,
and perhaps you will never guess it,
although to me you are the stars, the moonlight,
the dawn, the sunset, and all the rest
loved by the romantics of the good old times
and out of use nowadays...

It is but a question of rank,
and you are
several steps higher...
And I will not be able to climb
and you won't want to come down
(or you will not be allowed to come down).

That is why you can't have the slightest suspicion
that, when they look at you, my eager eyes kiss you,
and, since you will never, never know it,
to you I am only one of so many friends to whom you say,
'Good evening, So–and–so, how is your cold?',
or little else.

Thus our lives, perhaps twin lives,
will brush each other in passing with a courteous
indifference —more or less glacial—

hasta que una noche tú irás a la iglesia
con un ingeniero, abogado o médico
(quizás con el nieto de un buen bodeguero)
y serás feliz... o no lo serás.

Y ese fausto día, para mí de duelo,
sentiré que mi alma solloza, y que sangra,
y como un colegial
enamorado, morderé la almohada,
y lanzando mi queja muda al infinito
evocaré la indispensable muerte
que, como de costumbre, no vendrá.

Entonces haré un fúnebre epitalamio íntimo,
y un autojuramento solemne
de nunca en mi vida volver a amar
y ser esclavo fiel de tu recuerdo...
(Desgarrador... poético... ¿verdad?)

Naturalmente... pero
al fin me ha de vencer mi soledad,
y como tú, también iré a la iglesia,
o sólo al juzgado municipal,
con la hijita de algún *chupatinta*
(Gobernación, Hacienda)
que, con escasa perspectiva,
sienta el espanto gínico de ser sólo tía,
y a la cual conociera
en el Centro de Dependientes o en el Foment Catalá
cualquier aburrida noche de baile de carnaval.

O bien con la huérfana de algún veterano[28]
(de los que no cobraron),
taquillera de un cine de barrio
o del Havana Park
(si aún entonces existe el Havana Park),

until the evening will come
when you walk up the aisle
with an engineer, a lawyer or a doctor
(perhaps with the grandson of a good retail grocer)
and you will be happy— or you will not.

And on that lucky day, a mournful one for me,
I shall feel my soul sob and bleed,
and, like a schoolboy in love,
I will bite my pillow,
and hurling my mute complaint to infinity
I'll summon indispensable death
which, as usual, will not come.

Then I'll compose a doleful, inward epithalamium
and a solemn vow to myself:
never again to love another
and be a faithful slave to your memory...
(Heart–rending... poetical... isn't it?)

Sure... but
in the end my loneliness will overcome me
and, like you, I shall walk down the aisle,
or just to the municipal court,
with the daughter of an *inksucker*[38]
(Interior, Treasury)
who, with a scant future ahead of her,
may be suffering from the gynecal fear of being only an
[aunt,
whom I will have met at a dance
in the *Centro de Dependientes* or the *Foment Català*
on any boring carnival night.

Or perhaps with the orphan daughter of some veteran[39]
(one of those who never got a pension),
a ticket–seller in a neighborhood movie house
or in Havana Park
(if by then there's still a Havana Park),

huésped en la misma casa de huéspedes,
chismográfica, sórdida, vulgar,
de veinticinco o treinta pesos mensuales,
donde mi pobre humanidad se albergue...
—¡Afinidad circunstancial!—

Y al correr insensible del tiempo
ha de llegar el día luminoso,
fatídico y fatal,
en que nos crucemos casualmente al paso:
tú, en compañía de tu amable esposo
—en auto, por supuesto,
(no Rolls–Royce pero sí Cadillac)—,
yo con mi señora, en un tranvía urbano,
desde luego,
(Luyanó, Marianao o Cerro–Parque Central).

Bajaré la cabeza con gentil ceremonia
para poder disimular
la emoción inevitable en tales casos;
tú, sonriendo, me contestarás.
Y a tu sonrisa, la misma de ahora,
florecerá el pasado en mi memoria
y me pondré a soñar.

Mi mujer, en tanto,
querrá que la escuche sobre cualquier cosa:
un anuncio de cine, una vieja muy gorda
que pasa, dos borrachos que van a pelear;
pero notando al fin mi poco caso,
se pondrá a coquetear
con el estudiante de la plataforma,
con el teniente de atrás
o con el hortera que va en pie a mi lado.
Yo... persistiré en soñar.

Y mientras, el auto,
alado casi, te conducirá

a fellow–tenant in my cheap boarding house—
gossipy, sordid, vulgar,
where for twenty–five or thirty dollars a month
I lodge my poor humanity...
(Circumstantial affinity!)

And with the imperceptible passing of time,
the luminous, fatidic, fatal day will come
when you and I will pass each other by chance:
you in the company of your kind husband
—in an automobile, of course,
(not a Rolls–Royce but surely a Cadillac)—,
I with my wife, on a trolley–car, naturally,
(Luyanó, Marianao or Cerro–Central Park).

I will bow my head with graceful ceremony
so as to conceal
the inevitable emotion in such cases,
and you will smilingly respond.
And at your smile, the same then as now,
the past will flower again in my mind,
and I will start dreaming.

In the meantime my wife
will want me to listen to her about something or other:
a movie advertisement, a very fat old woman
passing by, two drunkards about to fight;
but noticing my scant interest at last,
she'll start to flirt
with the student on the platform,
with the lieutenant right behind us,
or with the clerk standing up beside me.
I... keep on dreaming.

In the meanwhile the car
—almost winged— will take you

a una visita en el Vedado,
al *five o'clock* del Sevilla o a
cualquier otro elegante *affaire* social;
y a mí, el tranvía lento,
a ratos al infierno,
y otros, a plácidamente vegetar.

Tal es lo que separa nuestras vidas,
lo que va de un tranvía a un Cadillac.
Y sin embargo, yo creo que tú comprenderías...
Por eso es triste que no sepas que yo te quiero,
y es triste que nunca lo hayas de sospechar.

to a visit in the Vedado[40],
to the *five o' clock*[41] at the Sevilla[42]
or to any other smart social *affaire*;
and me, the slow tramway
sometimes to hell,
sometimes to placidly vegetate.

Such is what separates our lives,
the distance from a tramway to a Cadillac.
Yet, I think that you would understand...
That is why it's a pity you don't know that I love you,
and it's a pity you will never guess it.

SUPOSICION ESPIRITA

Con mis tristezas y con mi ironía
yo me iré hacia el olvido cuando menos lo piense,
sin poderle decir a la vida,
como Amado Nervo, que nada me debe.

Yo me iré hacia el olvido cualquier día
y tú te quedarás con tu dicha,
con toda tu dicha,
y ebria de todas esas cosas mismas
que a mí nunca quiso prestarme la vida.

Y cuando me vaya hacia el olvido
nada sabrás de mi partida
ni escucharás el adiós que te envío,
porque estarán tus oídos
totalmente llenos de unas melodías
extrañas, y toda tú, de maravillas.

Quizá en los momentos en que *él* te acaricie
te sobresalte el ruido
(suposición espírita)
insólito de un triste, desolador suspiro,
como ësos gemidos del viento
que, pasando al través de una hendija,

A SPIRITUALIST SUPPOSITION

With my sadness and my irony
I shall go to oblivion when I least expect it,
without being able to say to life,
like Amado Nervo, that it doesn't owe me anything.

I shall go to oblivion any day,
and you will remain behind with your bliss,
with your whole bliss,
intoxicated with all those very things
that life never wanted to give me.

And when I go to oblivion
you will know nothing about my departure,
nor will you hear the farewell I shall send you
because your ears
will be totally filled with strange melodies,
and all of you filled with wonders.

Perhaps in those moments when *he* caresses you,
you will be startled with the odd sound
(a spiritualist supposition)
of a sad, desolate sigh
like the moans of the wind that
passing through a crack

en ciertas negrísimas noches calladas
aterran las almas
de aquéllos que creen en fantasmas
y temen que vuelvan los muertos.
O bien el sonar de una puerta
que sola se abra o se cierre; y eso
en un día de calma,
sin levísimo soplo de viento.

Será que estoy cerca,
será que mi sombra (y sigue la misma
suposición espírita)
desde el fondo borroso del olvido contempla,
y añora los dientes que al irse dejó en la materia
para clavarlos estúpidamente en la puerta.

Si oyes algún vago portazo o gemido
cuando *él* te acaricia, no temas...

Pero... ¡qué has de escuchar ningún ruido
cuando *él* en sus brazos te besa!

on certain pitch–dark, quiet nights,
terrify the souls
of those who believe in ghosts
and fear the dead may come back.
Or perhaps the sound
a door opening or closing by itself
on a calm day,
without the slightest gust of wind.

It will mean that I am near,
it will mean that my shadow (and there persists
the same spiritualist supposition)
from the blurry bottom of oblivion gazes,
and longs for those teeth left behind in the body
to sink them stupidly into the door.

If you hear a vague slam or a moan
while *he* caresses you, do not fear...

But... no way will you hear any noise
while *he* kisses you in his arms!

DIFERENCIA

¡Oh, cuánto nos amamos, vida mía, cuánto nos amamos!
Ahora, que hay una distinción ligera
entre tu manera de amar y mi manera.
Distinción que dos frases muy breves sintetizan:
Una, la tuya, es la interrogación: '¿Me quieres mucho?'
Y otra, la mía, es una afirmación: '¡Te quiero mucho!'

Sin embargo, tú tienes
la convicción de que tu amor es más grande.
(Por tu pasión por la luna, pase.)

      (Lástima grande que te atraiga tanto
      ese anciano satélite deleznable,
      celestino de amadores románticos,
       frío, muerto, falaz, doble, cornudo,
      fautor de evocaciones repugnantes
      y rascabucheador inverecundo.)

Y yo, de vez en cuando, la sospecha
desilusiva de que, acaso,
más que a mí mismo al propio amor tú quieres;
y noto con espanto
cuán distinto es mi amor de cuarta década

A DIFFERENCE

Alas! How much we love each other, my darling,
how much we love each other!
But there is a slight distinction
between your way of loving and mine.
A difference that two very brief sentences sum up.
The one, yours, is the question: 'Do you love me very
[much?'
The other, mine, is an assertion: 'I love you very much!'

However, you have the conviction that your love is greater.
(Because of your passion for the moon, let it be.)

      (It's a real pity that you feel so allured
      by that ancient, decaying satellite,
      a go–between for romantic lovers,
       cold, dead, deceiving, false, horned,
      abettor of distasteful evocations,
      and shameless Peeping Tom.)

And I feel once in a while the disillusioning suspicion
that, perhaps,
you love love for its sake more than you love me;
and I notice with horror
how different is my fourth–decade love

de aquél con que se suele fantasear a tus años.

¿Qué se va a hacer? Hay que aceptar el hecho
de que viniste a mí cuando yo ëra
precisemente el centro del universo.
Pero no olvides que, después de todo,
no es mal papel el que le toca a Venus,
pues de todos los miembros de su estelar familia,
es esa estrella pálida, favorita de Febo.

>	(Parecerá pedante que así escriba.
>	Peor sería originar, diciendo:
>	'Aquél que le da título a un periódico
>	que prestigió un filósofo del patio[29].'
>	Por eso vuelvo a la figura rancia.)

No te preocupe tanto que no seamos iguales
y oye un consejo: usa de la lima
con mucha, mucha, mucha suavidad de tu parte
—aprende a usar también de la tijera—
cuando la arisca fiera esté dormida;
mas cuando esté despierta,
usa tan sólo de tus manecitas,
como con los niños enfermos las madres buenas.

Por lo demás, si quieres saber lo que yo pienso
de ti, en mi más profundo rincón interior:
Aunque llegaste cuando la luna se había puesto,
te marcharás cuando se ponga el sol.

The Sterile Seed

from the love one dreams of at your age.

What's to be done? I must accept the fact
that you came into my life when I was
precisely the center of the universe.
But do not forget that, after all,
Venus plays no mean role,
for out of all the members of his astral family
this pale star is Phoebus' favorite.

>(It may seem a pedantry to call it so.
>It would be worse if I tried to be
>original by saying:
>'He who gives its name to a newspaper
>to which a local philosopher gave renown[43].'
>That's why I turn to the rancid image.)

Please do not worry that we are not alike,
and listen to this advice: make use of the file
with a great deal, a very great deal of gentleness on your
                                                    [part
—learn also how to use the scissors—
when the surly beast is asleep;
but when it is awake,
use only your little hands
as good mothers do with sick children.

As to the rest, if you want to know what I think
of you in my innermost recess:
Although you came into my life when the moon had set,
you will leave with the setting sun.

FERROVIARIA

Marchamos por la vida como las paralelas
del tren, y los dos somos de hierro tal como ellas.

Como la suya es nuestra superficie pulida
y brillante; las ruedas repasan por encima.

Siempre juntas en línea curva o en línea recta
y entre las dos el mismo espacio que no deja

que se unan; y si una torna a diestra, la otra
a diestra fatalmente sumisa también torna.

Pues una sin la otra es una cosa fútil,
un pedazo de hierro completamente inútil.

Aunque fingen juntarse si de lejos las miran,
es por una ilusión vulgar de perspectiva.

¡Oh, si en la ruta hubiese algún desviadero
para poder siquiera tocarnos un momento!

No sé, pero me temo que seamos las dos
paralelas de un tren de circunvalación.

RAILROAD

You and I go through life like the parallel rails
of a train, and we are both made of iron, like them.

Like theirs, our surface is polished and glittering;
wheels pass constantly over it.

Always together in a curved or a straight line,
and between the two the same space that prevents

them from joining; and if one turns to the right, the other
fatally submissive to the right also turns.

For one without the other is but a futile thing,
just a piece of iron absolutely useless.

Although they feign to join if seen from afar,
it is because of a common perspective illusion.

Alas! If there were in the line some sidetrack
that would allow us at least to touch for a moment!

I don't know, but I fear that we two are just
the parallel rails of a roundabout train.

VISION REMOTA

¿Te acuerdas de la vieja, informe y espantosa,
que ayer te produjera tanta lástima,
y una transitoria tristeza
y un momento de horror?
'¿Yo seré como ella algún día?', indagaste en voz baja.
Y el tono, imperceptiblemente angustioso, de tus palabras
vibraba apenas con levísimo temblor.

Pues bien, a solas esta noche
fui presa de una irrisoria y remotamente futura visión:

... Yo era un anciano deforme y espantoso,
y tú, la vieja que ayer tarde
puso en tu alma un instante de pavor.
Te acurrucabas en mi regazo mimosa y tierna,
enlazando mi cuello con tus brazos, y yo,
con voz extinta y hueca,
en tus oídos desgranaba
las mismas actuales, banales y eternas palabras de amor.

Y ante la visión grotesca,
alteró un momento la isocronía de su ritmo mi esperanzado
                                                         [corazón.

FAR OFF VISION

Do you remember that shapeless, hideous old woman
for whom you felt yesterday such pity,
and who aroused in you a passing sadness
and a moment of horror?
'Will I be like her some day?', you asked in a low voice.
And the tone, imperceptibly anguished, of your words
barely vibrated with the slightest tremor.

Well, then, all alone tonight,
I was seized by a ludicrous and remotely future vision:

... I was a deformed and hideous old man,
and you were the old woman that yesterday evening
kindled a moment of terror in your soul.
You were curled up on my lap, coaxing and tender,
your arms twined around my neck, and I,
in a hollow, wasted voice,

was slowly letting fall into your ears
the same current, banal, everlasting words of love.

And before the grotesque vision
my hopeful heart altered for an instant the isochronism of
[its beat.

TAEDIUM CARNIS
A Juan Marinello

Omne animal post coitum triste est.
Lucretius

'Detrás de cada seno erecto esta el hastío',
melancólicamente dijiste, ¡oh, Marinello!
Bien, pero el adorable origen de tu hastío
(y esto en óptimos versos ya lo dijo Darío)
de la existencia, acaso, es el solo consuelo.

Hastío, *ay* resignado del que quiere y no puede
por material hartazgo apurar un torrente
de ambrosía (de nuevo se inmiscuye Darío).
Hastío, alto en la ruta para tomar aliento,
pausa forzosa del deseo.

¡Oh, el deseo supremo!
¿Hay algo comparable, Marinello,
a la paralizante carcomilla
que, naciendo en el vientre,
poco a poco se extiende
por todos nuestros miembros
ante los inefables, calipigios meneos
de la ebúrnea o ebánica ninfa

TAEDIUM CARNIS
To Juan Marinello

Omne animal post coitum triste est.
Lucretius

'Behind every erect breast there is boredom',
you melancholically said, Marinello!
Alright, but the adorable origin of your boredom
(and this in unsurpassed poetry was said by Darío)
is perhaps the only solace of our existence.

Boredom, the resigned 'alas!' of he who wants and cannot,
because of material satiety, to gulp down a torrent
of ambrosia (Darío steps in again).
Boredom, a halt to take a breath on the way,
a forced pause of desire.

Oh, supreme desire!
Is there anything comparable, Marinello,
to the paralyzing gnawing
that, starting in the belly,
spreads little by little
throughout our limbs
at the ineffable, callipygian waggles
of the ivory or ebony nymph

que, transeúnte, nuestra vista hiere,
y se aferra al cerebro
desalojando todo otro pensamiento?

Entonces es la fiebre
del máximo deseo:
cuando ansiamos el bíblico conocimiento
de todas las mujeres:
desde la impúber que la pierna nuda enseña
hasta la matrona de vacunas reminiscencias;
¡ser el dios Pan en los clásicos tiempos
y cabalgar a todas las centauresas!

Y puesto ya en el categórico disparadero,
el mismo inmundo légamo nos parece divino,
y en Lesbos, solamente *percibimos*
la armonía de líneas entrelazadas
y la entrecortada ritmia cálida
de los voluptuosos suspiros salaces;
y ante el efebo ambiguo, de suavidades mórbidas,
hay una abyecta tolerancia para Sodoma,
que justifican Sócrates y Alcibiades;
y pensamos en el mítico Minotauro
con el bestial anhelo de ser su padre.

¡Cuán gustosos diéramos lo que no tenemos
por pasar la vida en un perenne orgasmo!

Pero son harto pobres nuestros arrestos,
y de ahí tu tedio,
y de ahí mi tedio.

Tú serás más poeta que yo, Marinello,
pero yo soy, digo, me parece que soy, más sincero.

En pose de fauno–mágister afirmo
con profunda perogrullada solemne:
'Detrás de cada seno erecto está la vida;

who strikes our eye in passing by
and fastens onto our brain
dislodging any other thought?

Then comes the fever of maximum desire:
when we crave the biblical knowledge of every woman,
from the prepubescent girl exhibiting her naked calves
to the matron of bovine reminiscences;
oh, but to be the god Pan of classical times
and mount all centauresses!

And once being categorically set off,
we find even the filthiest mud divine,
and in Lesbos we only *perceive*
the harmony of entangled lines
and the warm, panting rhythm
of voluptuous, salacious sighs;
and in the presence of an ambiguous ephebus,
with his smooth blandness,
there is an abject tolerance of Sodom
justified by Socrates and Alcibiades;
and we think of the mythical Minotaur
with a bestial yearning to be his father.

How gladly we would give even what we do not have
to spend our lives in a perennial orgasm!

But our vigor is too paltry,
and hence your ennui,
and hence my ennui.

You may be more of a poet than I, Marinello,
but I am, that is, I think I am more sincere.

Posing as a master–faun, I assert,
with a deep, solemn truism:
'Behind every erect breast is life;

detrás de cada seno erecto está la muerte.'

Marinello,
melancólico poeta del hastío de todo lo terreno,
cantor de las aisladas comuniones nocturnas del alma con el
[alma,
y de las alturas nostálgico eterno,
no olvides que en pleno, tropical estío,
he dicho mis verdes y rojas palabras.

behind every erect breast is death.'

Marinello,
melancholy poet of the weariness of all things earthly,
singer of isolated, nocturnal communions of the soul with
                                                        [the soul,
and eternally nostalgic for the heights,
do not forget that in the fullness of tropical summer
I have spoken my green and red words.

ESTROFAS AZULES

*Pasé junto a mi dicha y la pisoteé
sin conocerla...*
(No me acuerdo quién)

Estrellita que te escondiste
tras las nubes de mi fatuidad,
en mi lóbrega noche sin alba,
¿nunca volverás a brillar?

Gota de agua que resbalaste
sobre mi pecho de pedernal,
mis labios resecos de angustia
¿te negarás a refrescar?

Báculo fuerte que en el camino
arrojó lejos mi vanidad,
mis torpes e inciertas pisadas
¿no más sostén en ti hallarán?

Hoguera que en hora nefasta
apagó mi locura brutal,
la tristeza polar de mis días
¿no tornarás a calentar?

Laúd cuyas cuerdas de plata

BLUE STANZAS

*I passed next to my happiness and trampled
on it without recognizing it...*
(I don't remember who)

   Little star that hid yourself
behind the clouds of my fatuity,
in my dismal, dawnless night,
will you never shine again?

Drop of water that slid over
my stony breast,
these anguish–parched lips of mine
will you refuse to refresh?

Sturdy staff that on the road
my vanity cast away,
will my awkward, unsteady footsteps
no more find in you support?

Bonfire that on an ill–fated moment
my brutal madness quenched,
the polar sadness of my days
will you not warm again?

Lute whose strings of silver

rompió una a una mi liviandad,
tus notas dulces mis oídos
¿jamás de nuevo alegrarán?

Nardo de aroma delicado
que holló mi tonta ceguedad,
mis grises minutos vulgares
¿no volverás a perfumar?

Hiedra que agostó el granizo
de mi incomprensión contumaz,
al tronco rugoso y sombrío
¿ya tu verdor no adornará?

Osculos suaves, frases pueriles
que desdeñó mi necedad,
vuestra ternura a mi dureza
¿nunca otra vez regalará?

Carne que a mi impulso másculo
tan dócilmente sabía vibrar,
bajo el estímulo de mis besos
¿jamás tornarás a temblar?

Tú estabas dentro y no te veía,
oculto por mi veleidad.
Llovió una noche y se vino a tierra
la torre de mi fatuidad.

Pero surgiste hecha pedazos,
sin fe, esperanza... ¿y caridad?
Por mi ceguera y mi estulticia,
¿lo que ya fue, no será más?

Y para mí... incertidumbre, tiniebla,
sed, frío, mudez, soledad...
¡Mi vida por un solo beso
o por una puerilidad!

my levity broke one by one,
will your sweet notes nevermore
gladden my ears again?

Delicately scented nard
on which my foolish blindness trampled,
will you my drab and vulgar minutes
never again perfume?

Ivy parched by the hail
of my obstinate lack of understanding,
will you no longer my weathered, somber trunk
adorn with your verdure?

Gentle kisses, foolish phrases
that my stupidity disdained,
will my harshness never be regaled
by your tenderness again?

Flesh that so docilely quivered
to my male impulse
under the goading of my kisses,
will you never tremble again?

You were inside and I did not see you,
concealed by my own fickleness.
It rained one night and the tower
of my folly came crashing down.

You rose up, cut to pieces,
without faith, hope— and charity?
Because of my blindness and my inanity,
will what has already been never be again?

And for me... uncertainty, gloom,
thirst, cold, silence and solitude.
My life for just one kiss,
or one foolish word!

Y para mí... la noche sin alba,
y dando tumbos, andar, andar...
con un trozo de hielo en el pecho
que... ¿más nunca se derretirá?

And for me... night without dawn,
as I walk and walk stumbling along...
with a chunk of ice on my breast,
that... will never, ever melt?

PERRO HUEVERO

Con el cabello gris me acerco
a los rosales del jardín...
Rubén Darío

¡Cuánto amaban todas mi insigne corona de oro!
¡Cómo amaban todas el dorado enjambre de sierpes sutiles!
¡Cómo deseaban quemarse las manos en la crísica llama
                                              [rebelde!
¡Qué de caricias perdiéronse en la áurea maleza!
¡Cuántos ígneos besos a dormir se echaron en aquella colcha
                                                [tejida de sol!

Pero el tiempo pérfido, alquimista ilógico,
trasmuta a la inversa
y se empeña
en trocar
el noble metal de mi insigne diadema
en plata, plebeyo metal...

(¡Claro! Fiel al moderno ideal económico,
pretende que abandone el patrón oro.)

¡Cuán distinto es brindar a las cálidas manos avaras,
en lugar de aquellas sortijas de oro,
vulgares anillos de plata!

EGG–SUCKING DOG(44)

With my gray hair I approach
the rose bushes in the garden...
Rubén Darío

How all of them loved my prominent golden crown!
How all of them loved the gilded swarm of fine serpents!
How they longed to burn their hands in the aureate
                              [rebellious flame!
How many caresses were lost in the thicket of gold!
How many scorching kisses fell asleep on the sun–woven
                                              [mat!

But treacherous time, illogical alchemist,
transmutes in reverse
and insists
on converting
the noble metal of my noted diadem
to silver, a plebeian metal...

(Of course! Faithful to the modern economic ideal,
it intends for me to abandon the gold standard.)

How different it is to offer to warm, covetous hands,
instead of those golden rings,
some plain silver circlets!

Voces respetables:
'Ya tú estás muy viejo', piadosas me advierten,
'para seguir metido en esas danzas.
Ve que ya vas camino de don Pepe...'

Verdad, pero sus labios al besarme
me decían aún esta mañana:
'Eres un niño... eres un niño grande...'

Y lo peor, por lo que advierto,
es que no seré nunca, nunca, nunca,
uno de esos señores respetables.

Perro huevero...
¡ya se sabe!

Es cierto que de tanto andar, ¡qué pesadumbre!,
ya sé que voy camino de ese odioso don Pepe...

Sin embargo,
todavía me pincho los dedos,
inquietos, ávidos, rapaces,
con las espinas que están ocultas
entre las hojas de los rosales.
¡Y me los pincharé por largo rato!

Respectable voices:
'You are too old now', they piously warn me,
'to keep carrying on that way.
Just look how you're headed for *don Pepe*(45)...'

True, but her lips, when she kissed me this morning,
told me notwithstanding:
'You are a little boy... you are a big little boy...'

And what's worse, as I note,
is that I will never, never, never be
one of those respectable gentlemen.

Egg–sucking dog...
you know it!

The fact is, from so much running around
—what a burden!— ,
I know I am heading for that hateful *don Pepe*...

Yet,
I still prick my fingers
—restless, eager, rapacious—
with the thorns that are hidden
among the leaves of the rose bushes.
And I'll still prick them for a good long while!

MEMENTO

I

   Todo era quimera en torno mío;
todo era quimera...
¡Tú sola eras realidad!

Te fuiste para siempre, ya no existes,
te fuiste para siempre...
¡Tremenda y sencilla verdad!

Y hoy es quimera todo en torno mío;
y hoy es quimera todo...
¡Tú sola eres realidad!

II

Yo no sabía que te amaba tanto...
¡Y tú estabas presente, y me envolvías
con tu ardor, con tu risa y con tu llanto
y tus puerilidades que eran mías!

Y pasaban monótonos los días,
llenos de dicha y de vulgar encanto

MEMENTO

I

   Everything was a chimera around me;
everything was a chimera...
You alone were a reality!

You went away forever, you are no more,
you went away forever...
Such a tremendous plain truth!

And today everything is a chimera around me;
and today everything is a chimera...
You alone are a reality!

II

I did not know that I loved you so...
And you were present, and you enfolded me
with your ardor, with your laughter, with your tears,
and with your childishness that was mine!

And the days passed away monotonously,
full of happiness and everyday charm

apenas advertido... ¡y no sabías
tú tampoco que yo te amaba tanto!

Ahora es tarde... Regalar tu oído
ya no me deja tu llorada ausencia,
con la palabra mía que esperaste...

Pero si tú me ves desde el Olvido,
sabrás al fin, leyendo en mi conciencia,
¡que yo te amaba como tú me amaste!

scarcely noticed... and neither did you know
that I loved you so much!

Now it's too late... Your mourned absence
does not allow me to regale your ears
with the word you expected from me...

But if you see me from Oblivion,
you will know at last reading my conscience,
that I loved you as much as you loved me!

KALEIDOSCOPIO

*Otros van a pasar por
donde hemos pasado.*
Victor Hugo

KALEIDOSCOPE

*Others are going to pass
where we have passed.*
Victor Hugo

LA RUMBA

¡Zumba, mamá, la rumba y tambó!
¡Mabimba, mabomba, mabomba y bombó!

¡Zumba, mamá, la rumba y tambó!
¡Mabimba, mabomba, mabomba y bombó!

¡Cómo baila la rumba la negra Tomasa!
¡Cómo baila la rumba José Encarnación!

Ella mueve una nalga, ella mueve la otra,
él se estira, se encoge, dispara la grupa,
el vientre dispara, se agacha, camina,
sobre el uno y el otro talón.

¡Chaqui, chaqui, chaqui, charaqui!
¡Chaqui, chaqui, chaqui, charaqui!

Las ancas potentes de niña Tomasa
en torno de un eje invisible
como un reguilete rotan con furor,
desafiando con rítmico, lúbrico disloque
el salaz ataque de Che Encarnación:
Muñeco de cuerda que, rígido el cuerpo,
hacia atrás el busto, en arco hacia 'lante

THE RUMBA

Hit it, baby, the rumba and the drum!
Mabbimba, mabbomba, mabbomba, bomboh!

Hitx it, baby, the rumba and the drum!
Mabbimba, mabbomba, mabbomba, bomboh!

How she dances the rumba— the negress Tomasa!
How he dances the rumba— José Encarnación!

She moves one buttock, she moves the other;
he stretches, contracts, shoots his rump,
his belly he shoots, he squats, he walks,
on one heel and then on the other.

Chack–ee, chack–ee, chack–ee, charack–ee!
Chack–ee, chack–ee, chack–ee, charack–ee!

The powerful rump of girlie Tomasa
around and invisible axis
wildly rotates like a pinwheel,
challenging with rhythmic, lubricous disjointedness
the salacious attack of Che[46] Encarnación—
a wind–up doll that, with rigid body,
its bust thrown back, forward arched

abdomen y piernas, brazos encogidos,
a saltos iguales de la inquieta grupa
va en persecución.

    ¡Cambi'e'paso, Cheché, cambi'e'paso!
    ¡Cambi'e'paso, Cheché, cambi'e'paso!
    ¡Cambi'e'paso, Cheché, cambi'e'paso!

La negra Tomasa con lascivo gesto
hurta la cadera, alza la cabeza,
y en alto los brazos enlaza las manos,
en ellas reposa la ebánica nuca
y procaz ofrece sus senos rotundos
que oscilando de diestra a siniestra
encandilan a Chepe Cachón.

¡Chaqui, chaqui, chaqui, charaqui!
¡Chaqui, chaqui, chaqui, charaqui!

Frenético el negro se lanza al asalto
y, el pañuelo de seda en las manos,
se dispone a marcar a la negra Tomasa,
que lo reta insolente, con un buen *vacunao*[30].

'¡Ahora!', lanzando con rabia el fuetazo
aúlla el moreno. (Los ojos son ascuas, le falta la voz
y hay un diablo en el cuerpo de Che Encarnación.)

La negra Tomasa esquiva el castigo
y en tono de mofa lanza un insultante
y estridente '¡no!'
Y valiente se vuelve y menea la grupa
ante el derrotado José Encarnación.

¡Zumba, mamá, la rumba y tambó!
¡Mabimba, mabomba, mabomba y bombó!

belly and legs, arms contracted,
with even hops pursues
the restless rump.

       Shift your step, Che–cheh[47], shift your step!
       Shift your step, Che–cheh, shift your step!
       Shift your step, Che–cheh, shift your step!

Negress Tomasa with lascivious gesture
pulls her hips away, raises her head,
and lifting her arms , she entwines her hands,
on them she rests her ebony nape,
and impudently offers her rounded breasts
which oscillating from right to left
inflame Chep–eh[48] Cachonh[49].

Chack–ee, chack–ee, chack–ee, charack–ee!
Chack–ee, chack–ee, chack–ee, charack–ee!

Frantic, the Negro springs to the assault,
and with silken handkerchief in his hands
prepares to brand black Tomasa,
—who insolently challenges him—
with a good lash.

'Now!', howls the darkie furiously whipping.
(His eyes are live coals, his voice fails him,
and there is a devil in the body of Che Encarnación.)

Negress Tomasa dodges the punishment
and mockingly shouts an insulting
and strident 'no!'
And courageously turns
and swings her rump
before the defeated José Encarnación.

Hit it, baby, the rumba and the drum!
Mabbimba, mabbomba, mabbomba, bomboh!

Repican los palos,
suena la maraca,
zumba la botija,
se rompe el bongó.

Hasta el suelo sobre un pie se baja
y da media vuelta José Encarnación.
Y niña Tomasa se desarticula
y hay olor a selva
y hay olor a grajo
y hay olor a hembra
y hay olor a macho
y hay olor a solar urbano[31]
y olor a rústico barracón.
Y las dos cabezas son dos cocos secos
en que alguno con yeso escribiera,
arriba, una diéresis, abajo, un guión.
Y los dos cuerpos de los dos negros
son dos espejos de sudor.

Repican las claves,
suena la maraca,
zumba la botija,
se rompe el bongó.

¡Chaqui, chaqui, chaqui, charaqui!
¡Chaqui, chaqui, chaqui, charaqui!

Llega el paroxismo, tiemblan los danzantes
y el bembé[32] le baja a Chepe Cachón;
y el bongó se rompe al volverse loco,
a niña Tomasa le baja el changó[33].

¡Piqui–tiqui–pan, piqui–tiqui–pan!
¡Piqui–tiqui–pan, piqui–tiqui–pan!

Al suelo se viene la niña Tomasa,
al suelo se viene José Encarnación;

> The sticks clap,
> the maraca sounds,
> the jug buzzes,
> the bongo rips.

To the floor on one foot sinks and makes a half-turn José
                                              [Encarnación.
And the girl Tomasa becomes disjointed,
and it smells like jungle,
and it smells like armpit,
and it smells like female,
and it smells like male,
and it smells like tenement,
and like a peasant shack.
And the two heads are two dry coconuts
on which someone has marked, in chalk,
an umlaut above, a hyphen below.
And the two bodies of the two Negroes
are two mirrors of sweat.

> The sticks clap,
> the maraca sounds,
> the jug buzzes,
> the bongo rips.

Chack–ee, chack–ee, chack–ee, charack–ee!
Chack–ee, chack–ee, chack–ee, charack–ee!

Paroxysm sets in, the dancers tremble,
the *bembé*[50] descends upon Chep–eh Cachonh;
going crazy, the bongo breaks,
upon the girl Tomasa descends the *changó*[51].

Pick–ee, tick–ee, pam; pick–ee, tick–ee, pam!
Pick–ee, tick–ee, pam; pick–ee, tick–ee, pam!

Down on the floor comes the girl Tomasa,
down on the floor comes José Encarnación;

y allí se revuelcan con mil contorsiones,
se les sube el santo[34], se rompió el bongó,
se acabó la rumba, ¡con–con–co–mabó!

¡Pa–ca, pa–ca, pa–ca, pa–ca, pa–ca!
¡Pam! ¡Pam! ¡Pam!

and there they roll in a thousand contortions,
the saint[52] possesses them, the bongo explodes,
the rumba is finished, con–con–coh–mabboh!

Pah–ka, pah–ka, pah–ka, pah–ka, pah–ka!
Pam! Pam! Pam!

EL POEMA DE LA CIUDAD LETARGICA

    Una nube de polvo y una nube de tedio...
Calor, aplanamiento, matanzas de ilusiones.
Holgazanas las casas, unas contra las otras
se reclinan, cansadas de hacer de invernaderos.
Y el mar —único ser viviente—
protesta, rezongando, desde lejos.

Discurren diez espectros meridianos
por los portales del ayuntamiento colonial,
y en las tiendas, unos muñecos, galvanizados,
bostezan y despachan dos varas de percal.

El cuartel de bomberos sigue en el mismo sitio.
Hace más de veinte años hay sentado en la puerta,
en un *taurete*[35], un hombre con gorra militar;
y en sus puestos de siempre las mismísimas bombas:
la *Química*, la *Cuba*, la *Habana* y otras más,
que salen a la calle cuando algún comerciante
se encuentra a punto de quebrar.

Cuando mi niñera me compraba merengues en *Las Delicias*,
ese señor que pasa ya usaba, en vez de cuello,
un pedazo de tubo blanqueado con cal;

POEM OF THE LETHARGIC CITY

A cloud of dust and a cloud of boredom...
Heat, dismay, slaughters[53] of illusions.
Lazily the houses lean against each other,
tired of playing at being greenhouses.
And the sea —the only living thing—
protests grumbling from afar.

Ten midday specters ramble
about the portico of the colonial city hall,
and in the stores a some galvanized manikins
yawn and sell two yards of percale.

The firehouse is still in the same place.
For over twenty years, there's been a man in a military cap
sitting on a small rawhide chair at the door;
and in their stations are the very same fire engines:
the *Chemist*, the *Cuba*, the *Havana*, and some others,
that take to the streets when a merchant
is about to go bankrupt.

When my nanny used to buy me sugarplums in *The*
                                                    [*Delights*,
that man passing by wore, even then, instead of a collar,
a piece of tube whitened with lime,

y en los últimos treinta y cinco años
nunca se lo ha vuelto a quitar.

—¿Y aquel negro borracho que decía piropos?
¿Y la morena que acosaban los pilluelos?
¿Y el cojo que atronaba las calles?
         —Se murieron;
pero hay otros borrachos y tipos de relajo,
y el bobo... ¿lo recuerdas?... ése vive
y, como en nuestro tiempo, lo cuquean[36]...
Nunca faltan Seborucos y Mr. Pitchers.

Ya no existe —la derribaron— la casa del terraplén,
y aquella otra de madera,
la que estaba tan cerca de la sierra y el muelle,
por donde tantas veces...
Eso hace tiempo yace sepultado
debajo de un enorme rascacielo;
se vino abajo en ruinas como la casa del terraplén;
pero donde ésta estuvo, no quedan más que ruinas,
y donde estuvo *lo otro*, hay un *Empire State*.

—Vamos a comer al quiosco típico,
junto al mar. Desde allí se verá...
—Vamos, aquí era, pero no hay nadie...
—Señores, hubo que cerrar.

Todas las mujeres —¡tan bellas, las más bellas!—
están tostadas por el sol.
Es que pasan el día jugando con las olas
—sus amigas las olas, a quienes abrazadas
les cuentan sus anhelos estériles—
en una playa que nunca ha sido playa.
¡Claro! Si no tienen que hacer nada...

and in the last thirty-five years
he hasn't taken it off.

'And that drunken Negro who used to flatter the girls?
And the black woman that the urchins used to harass?
And the lame man who used to vociferate in the streets?'
'They are dead, but there are other drunkards and laughing
[stocks.
And the idiot... remember him?... he's still alive,
and, as in our days, they needle him...
We never lack Goofballs and Mr. Pitchers.'

The house on the embankment is no more —they tore it
[down—.
Also that wooden one,
the one that was so near the sawmill and the pier,
by which so many times...
That has long been buried
under a huge skyscraper,
it tumbled down, dilapidated, like the house on the
[embankment,
but where this one used to be there is now only a pile of
[debris,
and where *the other thing* stood there is an *Empire State*.

'Let's go for supper to the quaint kiosk
by the sea. From there we'll see...'
'Let's go. It was here, but there's no one...'
'Gentlemen, it had to be closed down.'

All the women —so beautiful, the most beautiful!—
are tanned by the sun.
It's because they spend the whole day playing with the
[waves
—their friends the waves, that they embrace
while telling them about their barren longings—
on a beach that has never really been a beach.
Of course!, they have nothing to do...

Es noche de retreta,
toca la banda militar.
En círculos concéntricos que giran a la inversa
—vieja costumbre trópico–medieval—
se pasean chocleando los padres y madres futuros,
en estricta diferenciación sexual.
Los mozuelos, que marchan en el círculo interno,
empapan a manguerazos de requiebros
a la sarta estupenda de chiquillas
que con ellos se cruzan en la absurda procesión;
de vez en cuando uno se sale de la rueda
y va a formar al lado de 'la elegida de su corazón'.

En torno a la charanga, un grupo de melómanos
no pierde un solo gallo de la incubadora musical;
mientras abren las chaperonas endomingadas
sus talleres clásicos de corte y costura
en las férreas *cotorritas*[37] despintadas
que cobra el protegido de cualquier concejal.

   —¡Qué cara tan bonita! ¡Lástima de ese cuerpo!
¡Qué caderas de yegua! Pero, ¿no es la...?
   —No, viejo, es la más chica, la que a ti te gustaba,
¿recuerdas? La mayor no sale ya...

Nutrida está la puerta del *Liceo*:
doce cabezas de ratón discuten,
cazando apuestas, sobre el *chance* electoral
de un ex frutero de la plaza de la verdura
que tuvo inteligencia natural.

Adentro, algunos viejos conversan del pasado
—hoy, mañana y ayer—
y, en las mesas de juego,
un grupo reducido mata el tiempo
al póker de a *kilito*[38], al tresillo o a ver.

It's the appointed evening of the park concert,
the military band is playing.
In concentric circles inversely rotating
—an old tropico–medieval custom—
the future fathers and mothers stroll shuffling
in strict sexual differentiation.
The young men, who walk in the inner circle,
pour out streams of flattering words, drenching
the wonderful string of girls
who pass them in the absurd parade;
now and then one of the youths leaves his own ring
to line up beside 'the one chosen by his heart'.

Around the brass band a group of melody buffs
don't miss a single off–key note from the musical
                                                [incubator[54];
while the chaperons in their Sunday best
open their classical dress–making shops[55]
on the flaky iron of the *little parrots*[56]
for which a fee is collected
by the minion of some alderman.

'What a pretty face! Pity she has such a body!
What horsy hips! But isn't she...?'
'No, pal, she's the youngest, the one you used to like,
remember? The oldest one doesn't go out anymore...'

There is quite a group at the door of the *Lyceum*[57]:
twelve big fish are arguing,
wagering on the electoral chance
of a former fruit seller at the vegetable market
who had natural intelligence.

Inside, a few old fellows talk about the past
—today, tomorrow and yesterday—
and at the gambling tables
a small group kills time by playing
penny poker, omber or just looking on.

Las diez; se van los músicos,
despertando chiquillos al son del himno nacional
—¡la suerte que el cuartel no está muy lejos! —
Y como si pasaran por el parque
una invisible escoba descomunal,
queda desierto en un cerrar de ojos,
a excepción de unos cuantos rezagados,
mozos corridos, nochariegos, tropas,
que no tienen que levantarse muy temprano
y se quedan contando sus hazañas
en los campos de *Gloria Tres*[39],
cuando estuvieron en La Habana
la última vez.

Van cerrando los ojos las ventanas...
El reloj del palacio da önce campanadas...
Todo es silencio, paz.
Va a pasar otra cuenta del rosario,
se oye crecer la yerba...
—Vamos.

Por callejuelas que desprestigian la memoria
de los héroes ibéricos del Dos de Mayo[40],
cruzan furtivanente sombras lúbricas;
parpadea una puerta,
trasciende un vaho a esencia muy barata...
(¡Oh, manes de Mayeya[41]!)

Otra vez el silencio.
A lo lejos lo quiebra
el anacronismo de un coche
que carranclea, tintineando, rumbo al puente.
Al otro lado:
reminiscencias nominales de Luis XV[42]
en los predios imperialistas de Mr. Hershey[43].

Las doce: silencio absoluto, silencio, silencio:
se oye crecer la yerba.

Ten o'clock; the musicians depart
awakening children with the notes of the national anthem
—fortunately the barracks aren't too far off!—
And as if a colossal, invisible broom
had swept the park,
the place turns deserted at the blink of an eye,
with the exception of a few slackers,
young rogues, night hawks, madcaps,
that don't have to get up too early,
and stay on recounting their feats
on the fields of *Number Three Gloria Street*[58]
when they were in Havana
the last time.

The windows close their eyes one after another...
The clock in the palace strikes eleven gongs...
Everything is silence, peace.
Another bead of the rosary is about to pass,
one can hear the grass growing...
'Let's go.'

Through narrow streets that stain the reputation
of the Iberian heroes of May the Second[59],
lewd forms stealthily pass by;
a door winks,
the effluvium of a very cheap perfume emanates...
(Oh, shades of Mayeya[60]!)

Once again the silence.
It is only broken from afar
by the anachronism of a horse carriage
which clangs, ringing its bell, on its way towards the bridge.
On the other side—
nominal reminiscences of Louis XV[61]
on the imperialist lands of Mr. Hershey[62].

Twelve o'clock: absolute silence; silence; silence:
one can hear the grass growing.

La urbe entrega su letargo al sueño,
y en una que otra casa,
a la rutinaria lujuria doméstica:
cosecha de vegetales en perspectiva
para que el huerto lánguido no perezca.

—Esto antaño fue Atenas[44].
—También lo fue la otra.
—Pero la capital esta tan cerca...
Nos ha sido fatal.
—Comprendo, ¿y hoy?
—Hoy es el cabaret del General[45].

Matanzas de ilusiones,
nubes de polvo, nubes de tedio...
Aunque ya aquí no tengo a nadie,
ciudad letárgica, todavía te quiero.

En este polvoriento pueblo de pescadores
abrí los ojos a la agonía y transcurrieron
los años que informaron mi vida toda.
¡Eres un pedazo de mí mismo en mi recuerdo!
No temas al olvido, pobre ciudad mediocre,
que del olvido te rescatará mi nombre
cuando pases al vertedero de lo que fue,
pues al cruzar por ti dirá el viajero:
'¡Matanzas! ¡Aquí nació Tallet!'

The city gives up its lethargy to sleep,
and in one or another house,
to the routine domestic lust:
harvest of prospective vegetables
so that the languid orchard may not perish.

'This was Athens[63] of yore.'
'The other one was too.'
'But the capital is so close...
It has been fatal for us.'
'I understand, but now?'
'Today it is the General's night–club[64].'

Slaughters of illusions,
clouds of dust, clouds of boredom...
Although now I have no one here,
lethargic city, I still love you.

In this dusty fishermen's town
I opened my eyes to agony, and here elapsed
the years that informed all of my life.
You are a piece of myself in my memory!
Do not fear oblivion, poor mediocre city,
for from oblivion my name shall rescue you
when you go down the drain of what has been,
because, as he passes through you the traveller will say:
'Matanzas! Here was born Tallet!'

AVATARES

Tras el alba de todo fui vaga nebulosa
perdida en el caótico espacio sideral,
y sentí en mi inconsciencia el ansia de ser cosa
tangible, mientras rápida rotaba en espiral.

En pasivo combate después, soberbia roca,
padeciendo el tormento de la inmovilidad,
mil evos los embates sufrí del mar que al soca-
varme y hacerme arena, me dio la libertad.

De primieva selva taxínea gigantesca,
me desgarró la gula de ingente iguanodón;
mas corrió por mis venas la semivida en fresca
savia, hasta que un milenio me transformó en carbón.

Siglos, siglos y siglos, y entonces alimaña
viscosa y casi informe, el légamo habité,
y en sabe Dios qué oscura y preconsciente hazaña
la facultad abuela de mi razón probé.

Más tarde las florestas de un viejo continente
que se perdió en las olas bajo el inmenso azur,
preñado de quién sabe qué anhelo subconsciente,
escucharon mi triste lamento de lemur.

AVATARS

After the dawn of everything I was a vague nebula
lost in the chaotic sidereal space,
and I felt in my unconsciousness the urge to be something
tangible, while swiftly in spirals I rotated.

Then in passive battle, as a haughty rock,
suffering the torments of immobility,
for a thousand eons I endured the dashing of the sea
that, undermining and grinding me to sand, set me free.

A gigantic yew tree in a primeval forest,
I was torn up by the gluttony of a huge iguanodon,
but semilife ran through my veins in fresh sap
until a millennium transformed me into coal.

Centuries, centuries, and centuries, and then as a viscous
and almost formless creature, I inhabited the mud,
and God knows in what obscure and preconscious deed
I tried out the ancestor of reasoning thought.

Later, the groves of an old continent
lost in the waves under the azure immensity,
charged with who knows what subconscious longing,
listened to my sorrowful, lemurine lament.

Cataclismos y siglos, siglos y cataclismos;
y del tronco de un roble milenario en el hueco,
una noche más negra que quinientos abismos
engendré entre alaridos al antropopiteco.

Homo sapiens. Paisaje troglodita. Luchaba
contra mi hermano, y ambos rugíamos de celo
por la hembra. Su cráneo astillé con mi clava
y el premio a mi caverna conduje por el pelo.

Transcurrieron edades de monótona infancia
antrópica. El progreso notose al cabo. Entonce
fui sacerdote ingenuo de salvaje prestancia
que contempló asombrado surgir la Edad del Bronce.

Centurias, más centurias, y en el país arcano
de que nos da el divino filósofo razón,
fuera el más laborioso y honrado ciudadano
que miró con espanto su desaparición.

En donde toda histórica conclusión se derrumba,
de faraón soberbio los despliegues magníficos,
dentro de la primera pirámide, mi tumba,
se cuentan en borrosos y eternos jeroglíficos.

Después, mi inquieto espíritu, en viaje de aventura,
fue en China un estudioso, sapiente mandarín
a quien costó la vida que la literatura
destruyera Shi–Hoang–Ti —dinastía de Tsin—.

En la epopeya máxima que el Ciego inmortaliza,
a la ciudad sitiada di mi mejor auxilio.
Odiseé vencido; por mi desdén Elisa
se mató; por mí Roma fue (véase Virgilio).

Rajá de una fantástica, poderosa y temida
ciudad del Ganges, supe de pasiones y acción.
Pasó Gautama un día y en mi mundana vida

The Sterile Seed

Cataclysms and centuries, centuries and cataclysms;
and in the hollow of the trunk of a millenary oak,
on a night darker than five hundred abysses,
amid howls, the pithecanthropus I begot.

Homo sapiens. A troglodyte landscape. I was fighting
my brother and we both roared with rut
for the female. With my cudgel I broke his skull,
and dragged the prize to my cave by the hair.

Ages of monotonous anthropic infancy
elapsed. Progress was seen at last. And then
I was a simple-minded priest of savage distinction
who, astonished, beheld the emergence of the Bronze Age.

Centuries, more centuries, and in the secret country
of which the divine philosopher left us mention,
I was the most industrious and honest citizen
who beheld, with terror, its disappearance.

Where every historical conclusion collapses,
the magnificent displays of a proud pharaoh
are told, within the first pyramid —my tomb—,
in blurred (and) eternal hieroglyphics.

Later, my restless spirit on adventurous journey
was in China a scholarly, sage mandarin
who lost his life because the world of literature
was destroyed by Shih Huang-ti— dynasty of Ch'in.

In the greatest of epics, that the Blind Man immortalized,
to the besieged city I lent my best aid.
Vanquished I wandered; because of my disdain
Elissa killed herself; because of me Rome was (see Virgil).

A rajah in a fantastic, powerful and feared
city by the Ganges, I knew of passion and action.
One day Gautama passed by and in my wordly life

florecieron los lotos de la renunciación.

En Atenas, discípulo de Sócrates, realmente,
¿quién ignora la historia brillante de Alcibiades?
Me amaron y me odiaron alternativamente
y por un dardo persa volvió mi sombra al Hades.

Docto rabino y miembro del Sinedrio en Judea,
fui juez del Galileo. Con su mirada El
llegó a lo más profundo de mi alma farisea.
Lloré con los discípulos y fui San Gamaliel.

A Roma desde Emesa dos centurias más tarde
seguí, fiel hierofante, a mi señor Basiano.
Testimonié su insano y refinado alarde
y me mató a su vera un rudo pretoriano.

Tiempos de Diocleciano. ¿No recuerdas, oh, amada
de entonces y de ahora, que nuestro mutuo afán
alcanzó del martirio la corona anhelada
y en nuestra tierna historia se inspiró Chateaubriand?

¿Por qué después mi espíritu, para su propio escándalo,
retrogradó en su lenta, pausada evolución,
encarnando en un bárbaro, feroz guerrero vándalo
que al imperio sumiera en la desolación?

Las épocas oscuras, del Medioevo inicio,
me vieron, tonsurado desde mi mocedad,
escalar casi impúber el solio pontificio
de mi madre Marozia por sola voluntad.

Cruzado con Ricardo, de los bravos ejemplo,
apostatar me hizo la judía Miriam.
Arrepentido luego di, maestro del Templo,
mi vida por la vida de mi rey, Lusignan.

Pasados varios lustros mi espíritu se afinca

flowered the lotuses of renunciation.

At Athens, a disciple of Socrates; really,
who doesn't know the brilliant story of Alcibiades?
They loved and hated me alternately,
and a Persian arrow sent my shadow back to Hades.

A learned rabbi and member of the Sanhedrin in Judaea,
I was a judge of the Galilean. With his gaze He
reached the depths of my Pharisaic soul.
I wept with the disciples and I was Saint Gamaliel.

To Rome from Emesa, two centuries later,
I, faithful hierophant, followed my lord Bassianus.
I witnessed his refined and insane ostentation,
and was killed at his side by a rough praetorian.

Times of Diocletian. Don't you remember, O, my beloved
of then and now, that our mutual zeal
won us the coveted crown of martyrdom,
and Chateaubriand found inspiration in our story?

Why then did my spirit, to its own shame,
turn backwards in its slow, deliberate evolution,
taking flesh as a fierce, barbarian, Vandal warrior
who sank the Empire into desolation?

The dark epochs, beginning of the Middle Ages,
saw me, tonsured since my youth,
mount, almost beardless, the papal throne,
through the sole will of my mother, Marozia.

A crusader with Richard, archetype of the brave,
the Jewess Miriam made me apostatize.
Later, repentant, as master of the Temple,
I gave my life for the life of my king, Lusignan.

After several lustra my spirit settled

en un galán indígena del Perú —¡raro rol!—,
Don Juan precolombino que condenara el Inca
a morir por el rapto de una virgen del sol.

Otra vez muchos años y... ¿te acuerdas, oh, amada
de entonces y de ahora, que mi lira en tu prez,
entre las más famosas, fue la más afamada
cuando estaba tu espíritu en Laura de Novés?

Santo abad de una antigua, prestigiosa abadía,
con mi saber di insólito esplendor a la Iglesia.
Pero al querer del Verbo saber la esencia un día
me quemaron en Roma como Arnaldo de Brescia.

Trocáronse los roles más tarde y en Castilla,
en mar de sangre, austero, sombrío inquisidor,
supe ahogar irremorde la herética semilla
y morir santamente en el místico olor.

Vine a América en sórdido empeño poco serio.
Me encontré a la Fortuna, la sujeté a mi carro
triunfal, y a Carlos V le regalé un imperio.
Yo me llamaba entonces don Francisco Pizarro.

El Mar Mediterráneo, del hosco Arudj teniente,
intransitable hice de Tánger a Estambul.
Fui siervo de los ojos de una maltesa ardiente
y me ahogó una tormenta en el profundo azul.

Epoca de Luis XV. Si mis gestas galantes
de abate libertino se quisiesen saber,
que les pregunte un médium a las sombras errantes
de mis buenos amigos Casanova y Voltaire.

Cuando la vieja Francia, ante el humano pasmo,
para las libertades dijo: '¡Hágase la luz!',

in a gallant Peruvian native —strange role!—,
a pre-Columbian Don Juan, condemned by the Inca
to die for abducting a virgin of the Sun.

Again many years and... do you remember, O, my beloved
of then and of now, that my lyre, praising you,
was the most famous among the most celebrated
when your spirit was in Laura of Noves?

A holy abbot in an ancient, renowned abbey,
my learning gave unusual luster to the Church.
But when one day I wanted to know the essence of the
[Word,
they burned me in Rome as Arnold of Brescia.

The roles were reversed later on and in Castile,
an austere and somber inquisitor, in a sea of blood
I knew how to drown, remorseless, the heretical seed,
and to die saintly in mystic odor.

I came to America in a sordid, not too serious endeavor.
I met Fortune and fastened it to my triumphal chariot,
and to Charles V, I presented an empire.
My name was then Don Francisco Pizarro.

A lieutenant of sullen Arudj,
I made the Mediterranean impassable from Tangier to
[Istanbul,
I was enslaved by the eyes of an ardent Maltese maiden,
and drowned by a storm in the deep blue.

Times of Louis XV. If anyone wants to know
about my gallant deeds of a libertine abbé,
let a medium ask the wandering shades
of my good friends Casanova and Voltaire.

When old France, to the world's astonishment,
said: 'Let there be light!' for freedom, who

¿quién no supo admirado de mi austero entusiasmo
en el jacobinismo sereno de Saint-Just?

Preso siempre mi espíritu de eterno afán de arte
y para el más perfecto de todos aún impúber,
gloria y genio con uno de sus genios comparte
encarnando en el cuerpo de Herr Franz Peter Schubert.

Al fin me trajo a Cuba no se qué causa extraña,
convirtiéndome en héroe digno de Homero, y
en la ingente contienda mi más notoria hazaña
fue el épico rescate de Julio Sanguily[46].

Hoy siento el peso enorme de tantos avatares
—desde la nebulosa hasta José Tallet—.
¡Oh, realidad escueta de mis horas vulgares
contra nostalgia inerte de todo lo que fue!

Y sólo cierto aquello que el Padre[47] dijo: 'No
saber adónde vamos ni de dónde venimos.'
¡Y pensar que mañana no seamos tú y yo!
¡Ignorar lo que somos, llorar por lo que fuimos!

Y de esta incertidumbre por único consuelo,
cuando al cabo termino el presente avatar
—siempre el peor de todos y ¿ni infierno ni cielo?—,
por único consuelo, ¿volver a comenzar?

did not admire my austere enthusiasm
in the serene jacobinism of Saint-Just?

My spirit, always caught in an eternal urge for art,
and, for the most perfect of all, still immature,
shared glory and genius with one of its geniuses,
incarnate in the body of Herr Franz Peter Schubert.

At last, I know not what strange cause brought me to Cuba,
transmuting me into a hero worthy of Homer, and in
the prodigious struggle my most famous feat
was the epic rescue of Julio Sanguily[65].

Today I feel the huge load of so many avatars
—from the nebula to José Tallet—.
Oh, the terse reality of my ordinary hours
against the inert nostalgia for everything that was!

And the only truth is what the Father[66] said:
'Not to know whither we are going nor whence we come.'
And to think that tomorrow we may not be you and I!
Not to know what we are, to weep for what we were!

And, for this uncertainty, the only consolation,
when at last the present avatar comes to an end
—always the worst of all; and neither hell nor heaven?—,
the only consolation: to begin again?

NEGRO RIPIERA

   Su bemba de negro congo
se prolonga, se prolonga
y se pone ancha y dorá,
cuando e' negrito pilongo[48],
Quintín,
nieto de la negra conga,
se pega a su conetín
y resopla de veddá.

¿Po qué tú mira pa sielo
y pone lo sojo en blanco
y te queda como lelo
y suda tinta? Sé franco...

¿E que tu bemba dorá
ta resando a Obatalá[49]?
Tú no piensa en na,
en la fieta liberá,
cuando tu bemba gritona
canta, negrito Quintín,
'Yo no tuve la cuppita
ni tampoco la cuppona,
¡aé, aé, aé!,
¡aé, la chambelona[50]!'

NO–ACCOUNT NIGGER[67]

   His thick Congo Negro lip
stretches, stretches,
and gets wide and golden
when the *pilongo*[68] nigger,
Quentin,
grandson of the Congo Negress,
glues himself to his cornet
and really blows.

Why do you look at the sky
and show the white of your eyes
and get sort of spaced out
and sweat ink[69]? Be frank...

Is it because your thick golden lip
is praying to Obatalah[70]?
There is nothing on your mind
at the Liberal Party rally
when your thick shouting lip,
nigger Quentin, sings out:
'I wasn't a little to blame
nor much to blame either,
ah–eh, ah–eh, ah–eh!,
ah–eh, *chambelona*[71]!',

soplando en tu conetín.

¡Sopla, resopla, resopla!
¡Tararariiií!
¡Resopla, requetesopla!
¡Tarararaaaá!

¿Po qué tú toca en la fieta
si tú no ere liberá?

Tú piensa en la do peseta
que te van a da.

Tu abuelo fue negro eclavo
y compró su libetá;
vino de e' monte[51] hecho cabo
y con un braso na má.

Tu padre, e' negro Facundo,
votó po José Migué[52],
y a é' lo botaron de e' mundo
cuando a Etenoj' Ivoné[53].

Tú ëre negro ripiera,
siempre ha vivío en solá[54].
¿Qué impota que tú te muera
po tocá
en la fieta liberá?

Pero cuando mía pa e' sielo
y te queda como lelo
tocando tu conetín,
hasiéndote e' comebola,
tú canta pa ti en la chola[55],
Quintín,
en la fieta liberá:
'Apiaso me dio boteya[56]
y yo voté po Varona[57]'.

blowing into your cornet.

Blow, blow again and again!
Tah–tah–tah–teeee!
Blow again and even more!
Tah–tah–tah–taaaah!

Why do you play in the rally
if you are not a Liberal?

You are thinking of the couple
of *pesetas*(72) they will give you.

Your grandfather was a Negro slave
and bought his freedom;
he came back from the fields(73) a corporal
and with only one arm.

Your father, Negro Facundo,
voted for *José Migué*(74),
and he was booted from the world
with *Etenoj' Ivoné*(75).

You are a no–account nigger,
you've always lived in slums.
Who cares if you are dying
to play
at the Liberal Party rally?

But when you look up at the sky
and get sort of spaced out
playing your cornet,
passing for a fool,
you sing to yourself in your *chola*(76),
Quentin,
at the Liberal rally:
'Apiaso gave me a bottle(77)
and I voted for Varona(78).'

Tú ëre Quintín Barahona,
negro cubano na má.

Tú ëre negro ripiera,
pero no ere liberá;
tú no fuite machadita[58]
ni fuite na;
te guta rumbiá de vera
y enamorá la negrita
en e' solá.

Y cuando se fue Machao
y vino Grao[59]
con su sincuenta po siento[60],
tú salite entusiamao,
metiendo viento y má viento
con tu bemba amoratá
pegá contra e' conetín
pa gritá:
'¡Sube la loma, San Matín!'
¡Totá, pa na!

Se fue Mongo,
tu bemba de negro congo
ya no lo pue saludá;
y su sincuenta po siento
no te dio na;
to fue cuento,
cuento e' camino na má.

Y ahora tú toca, pilongo,
en la fieta liberá.

Se fue Mongo,
¡que si se llega a quedá...!

Cuando tu bemba chillona
se pone ancha y dorá

The Sterile Seed

You are Quentin Barahona,
a Cuban Negro, that's all.

You are a no-account nigger
but you are not a Liberal;
you weren't a Machadista[79],
you weren't anything;
you really like to dance a hot rumba
and make love to black girls
in your tenement.

And when Machado went
and Grau[80] came
with his fifty per cent[81],
you enthusiastically went out
blowing harder and harder
with your thick purple lip
glued to your cornet
and shouting:
'Get up the hill, San Martín!'
And all for nothing!

Mongo[82] went.
Your thick Congo Negro lip
can't greet him anymore
and his fifty per cent
didn't give you a thing;
it was just a story,
just an old story.

And now you play, *pilongo*,
at the Liberal Party rally.

Mongo went.
Had he stayed...!

When your thick yelling lip
gets wide and golden

po tocá *La Chambelona*
en la fieta liberá,
¿tú no piensa dentro e' güiro[61]
po' quién tú va' i' a votá,
como pensará e' guajiro[62]
y e' vesino de e' solá?

'Tumbaron a San Matín;
se vovió na má que cuento
lo de e' sincuenta po siento...
Yo toco mi conetín
en la fieta liberá,
pero a desí la veddá,
Quintín,
¡subuso[63]!, no va a votá...'

'Yo tumbo[64] la do peseta
en la fieta
de e' Pattío Liberá;
tengo la frita[65] segura
mientra dura
la campaña eletorá.
Y cuando miro pa e' sielo
y me pongo como lelo
tocando *La Chambelona*,
pienso en mi güira[66] pelá:
¡Apiaso me dio boteya
y yo voté po Varona!
Eso na má.'

'Yo soy Quintín Barahona,
negro cubano na má.'

playing the *Chambelona*
at the Liberal Party rally,
don't you think inside your *güiro*[83]
whom you are going to vote for,
like the *guajiro*[84] will think
and your tenement neighbor?

'They toppled San Martín;
that fifty per cent matter
turned out just a fake...
I play my cornet
at the Liberal rally,
but, to tell the truth,
Quentin,
subuso[85]!, is not going to vote...'

'I get that couple of *pesetas*
at the rally
of the Liberal Party;
I have my hamburger for sure
while the electoral campaign
lasts.
And when I look at the sky
and get sort of spaced out
playing the *Chambelona*,
I think inside my shaven *güira*[86]:
Apiaso gave me a bottle
and I voted for Varona!
That's all.'

'I am Quentin Barahona,
a Cuban Negro, that's all.'

DE LA HONDA A LA ONDA

Yo no sé cómo voy a no sé dónde.
Alfred de Musset

FROM THE SLING TO THE RIPPLE(87)

I know not how I am going to I know not where.
Alfred de Musset

EN EL BANCO DE LA PACIENCIA

Sentado en el banco de la paciencia
bostezo y aguardo,
no sin temor en mi subsconsciencia
(¿atavismo?)
que ponga en mí su ojo y su dardo
el Sagitario del Abismo.

Y entre bostezo y bostezo
desfila
ante mi vista indiferente
todo eso
que mi psiquis no se asimila:
trapo, cuero, carne, hueso,
tentativa de alma y de seso,
más lengua y diente.

Pavorreal,
cretino, imbécil, idiota, necio,
acorazado contra el desprecio
tras su muralla de inconsciencia,
'más allá del bien y del mal'
vive su vida, con la presciencia
de su feroz,
incontrastable omnipotencia

ON THE BENCH OF PATIENCE(88)

   Sitting on the bench of patience
I yawn and wait,
not without fear in my subconscious
(atavism?)
that the Archer of the Abysm
may aim his eye and dart at me.

And between yawn and yawn,
before my indifferent gaze,
all those things
that my psyche won't assimilate
go marching by:
rag, hide, flesh, bone,
a project of soul and of brain,
plus tongue and teeth.

Peacock,
cretin, imbecile, idiot, fool,
armored against contempt
behind his wall of unconsciousness,
'beyond good and evil'
he lives his life with the prescience
of his ferocious,
invincible omnipotence,

y es dios...
¿Para qué gestos de impaciencia?
Hastío, tedio, aburrimiento,
cansancio, fastidio: ¡fracaso!
Apelativos de la impotencia,
vocablos de la nulidad...
¡Terror bendito del movimiento,
eres el padre de la santidad!
(¿Acaso
por tus puertas una mañana
no entró Gautama en el Nirvana?)

Esfuerzo, gasto de energía
inútil, ¡atrás, atrás!
¡Deja libre de estorbos la vía!
¡Que yo vea el dardo que porta la paz!

Energía... ¿para qué,
si lo que es y será ya fue?
Esfuerzos, afanes... ¡nonadas!
Voluntad... no vale la pena,
ya que es la vida, mala o buena,
plato sin sal ¿entre dos nadas?

and he's a god...
Why the gestures of impatience?
Weariness, tediousness, boredom,
fatigue, loathing— failure!
Nicknames for impotence,
words for nullity...
Blessed terror of motion,
you are the father of sanctity!
(Perchance,
did not, through your doors, Gautama
one morning enter Nirvana?)

Effort, spending of useless energy,
get back, get back!
Leave the way free from obstruction!
Let me see the dart that brings peace!

Energy... for what,
if what is and will be, has already been?
Efforts, exertions... trifles!
Will... it isn't worthwhile,
since life, good or bad, is
a saltless dish... between two nothings[89]?

UNA INTERROGACION

*Cabayero, ¡cuando yo me muera,
la tierra va a comé cosa güena!*
Un negro viejo, viandero
ambulante de mi pueblo

¿Por dónde empezaréis, gusanos?
¿Por los ojos acaso?
¿Acaso por las manos?
O quizá si os inviten los labios
con el sabor que en ellos dejaron otros labios...
¿Por dónde empezaréis, gusanos?

Yo estaré solo allá abajo,
y arriba
seguirá tan campante la vida:
en su sala el magistrado,
el tendero de la esquina,
en su tienda,
y mis hermanos poetas seguirán haciendo versos,
mientras vosotros, gusanos, comenzáis vuestra tarea.

¡Yo no quiero!

Cuando probéis de mis ojos sabréis que saben amargo,
y aunque insípido, muy suave será el sabor de mis manos;

A QUERY

*Man, when I die the ground's
going to eat a good thing!*
An old Negro, ambulant vegetable
vendor in my home town

   What will you begin with, worms?
With my eyes, perhaps?
Perchance my hands?
Or maybe my lips will entice you
because of the taste other lips left on them...
What will you begin with, worms?

I will be alone down there,
and above
life will go on as contented as ever:
the judge in his court,
the corner shopkeeper
in his store,
and my brother–poets will keep on composing verses
while you, worms, begin your task.

I won't!

When you sample my eyes you'll know they taste bitter,
and my hands' flavor, though insipid, will be quite delicate;

pero el sabor de mis labios
será muy dulce, muy bueno,
porque estarán impregnados
de unos besos...

Roerme el corazón os dará mucho
trabajo, porque, el pobre, está tan duro...
Y hallaréis en mi cerebro
unos sabores tan raros
que quién sabe, de vosotros,
cuántos
moriréis envenenados.

Gusanos,
de esta carne que amo tanto,
¿no perdonaréis ni un átomo?

¿Y yo, mi ser, J. T.,
sólo existirá en vosotros?
(¿Panteísmo? ¡Yo qué sé!)

¿Y mi alma?
¿Irá al cielo?
¿Al infierno?
¿Vagará como un fantasma?
¿Se apagará como llama
de cirio metido en agua?

¡Oh, qué angustia!
(La ignorancia
es buena para quien no sabe nada.)

¿Nunca
sabré por dónde empezaréis, gusanos?
(San Francisco os hubiera dicho, *hermanos*;
yo me ciño a llamaros,
pedantemente, partes del Gran Todo,
mientras no se me pruebe lo contrario.)

but the flavor of my lips
will be very sweet, very good,
for they will be saturated
with certain kisses...

To gnaw away my heart will cost you a great effort
because that poor thing is so hard...
And you'll find in my brain
such strange savors
that who knows how many of you
will die poisoned.

Worms,
of this flesh so dear to me,
won't you spare even one atom?

And I, my being, J. T.,
will exist only in you?
(Pantheism? What do I know!)

And what about my soul?
Will it go to heaven?
To hell?
Will it wander as a phantom?
Will it be quenched like the flame
of a candle immersed in water?

Oh, what anguish!
(Ignorance
is good for him who knows nothing.)

Shall I never
know what you will begin with, worms?
(Saint Francis would have called you *brothers*;
I pedantically limit myself
to calling you parts of the Great Whole,
so long as the contrary hasn't been proven to me.)

De cualquier modo,
en tanto comenzáis vuestra tarea,
la tengo a ella.

At any rate,
until you start your task,
I have her.

SI YO PUDIERA...

   Si yo pudiera llenar de Sirio
todos los rincones del sótano de mi conciencia,
quedarían aún muchos resquicios
en donde a la luz más viva se tragarían las tinieblas.

           Quiero ser bueno...
           Quiero amar a mi prójimo...
           Quiero... Soy...

¡Quizá qué sapo o qué culebra
deje oír, el día menos pensado,
su claxon desafinado, o su sirena,
desde uno de esos resquicios
adonde nunca llegaría la luz de Sirio,
allá en lo recóndito del sótano de mi conciencia!

           Quiero... Soy...

¡Basta! Apagad todas las luces;
no dejéis que penetre ni un rayo,
cuidad no se despierten los bichos milenarios
que duermen en la noche perpetua

IF I COULD ONLY...

If I could only fill with Sirius
every corner in the cellar of my conscience,
there would still remain many recesses
where the darkness would swallow the most intense light.

        I want to be good...
        I want to love my neighbor...
        I want... I am...

Who knows what kind of a toad or snake
will, one of these days, when least expected,
let its off–key horn or siren be heard
from one of those recesses
that the light of Sirius would never reach,
down there in the most deeply hidden nook
of the cellar of my conscience!

        I want... I am...

Enough! Put out all the lights;
do not let even one ray in,
take care not to awaken the millenary animals
that sleep in the everlasting night

del resótano de mi clarísima conciencia.

¿Quiero?... ¿Soy?...

of the undercellar of my most clear conscience.

Do I want?... Am I?...

UN RUGIDO

Treinta años de mi vida, os cargo con orgullo,
con la feroz soberbia del que jamás de abate:
el titán que, rebelde, lleva a cuestas el mundo
nunca genuflexiona, y el Olimpo lo sabe.

¡Y sí que sois un fardo agotador! A ratos
siento que languidece mi resistencia terca;
se me anubla la vista, no distingo el obstáculo,
¡nunca la más remota luz luce en mis tinieblas!

Reconozco que hubo culminaciones críticas,
dudas preclaudicantes, mas entonces fue cuando
hallé el misericorde bastón de la ironía
y con su ayuda he vuelto a serenar mis pasos.

Bien sé que será nulo su auxilio cuando lleguen
a reforzaros vuestros venideros hermanos;
pero como hoy, entonces encontraré un potente
apoyo en la irrompible muleta del sarcasmo.

¡Y nunca una ligera compensación! La dulce
gota de miel que a todos deja probar la vida
jamás rozó mis labios resecos; nunca pude
morder la fresca fruta y jamás la sonrisa

A ROAR

   Thirty years of my life, I bear you with pride,
with the fierce arrogance of one who is never humbled—
the titan who, rebelious, carries the world on his shoulders,
never genuflects and Olympus knows it.

And truly you are an exhausting burden! At times
I feel my stubborn resistance weakening;
my sight grows clouded, I fail to notice the obstacles,
not even the faintest light ever glows in my darkness!

I admit that there were critical culminations,
precrippling doubts, but that was when
I found the merciful staff of irony,
and with its help I have again steadied my steps.

I well know that its aid will be null when
your coming fellow–years arrive to support you;
but like today I will then find a powerful
prop in the unbreakable crutch of sarcasm.

And never a slight compensation! The sweet
drop of honey that life lets everybody taste
never grazed my parched lips; I never could bite
the fresh fruit, and never the smile

de la amada fue mía, ni del remanso oculto
me fue dado un instante gozar la sombra quieta...
¡Treinta años que pasasteis lentamente, uno a uno,
qué regalo en vosotros me donó la existencia!

Pero aunque mi lamento hiera vuestros oídos
no imaginéis que el triunfo conquistaréis por eso;
ha tiempo que mi orgullo me señaló el camino
y sin volver la espalda alcanzaré su término.

Sé que voy cuesta arriba y que es la cuesta pina,
y que es cada mañana más ruda que el ayer,
y que en un precipicio finaliza la vía...
mas llegaré hasta el borde ¡y llegaré de pie!

of the beloved was mine, nor was I allowed
to enjoy for an instant the shady quiet of a hidden place...
Thirty years, you passed slowly, one by one,
what a gift from existence you were!

But even if my lament should offend your ears,
do not believe you will therefore gain the victory;
long ago my pride pointed out the way
and without turning my back I will reach its end.

I know I am going uphill and that the hill is steep,
and that each morrow is harder than yesterday,
and that the road ends in a abyss...
but I will get to the edge, and get there on my feet!

INTROSPECCION

Abrí mi balcón místico sobre la noche calma,
El silencio en la noche su misterio esparcía;
escruté la tiniebla con ansiosa mirada,
y ni un punto en su arcana inmensidad lucía.
Y ante el silencio obscuro se amedrentó mi alma.

Con la intención piadosa de divertir su miedo,
cerré los ojos nulos y los torne hacia dentro.

Y miré y no vi nada.
Como afuera,
todo era tiniebla.
Familiar tiniebla que no me asustaba.

Sumergí mis ojos curiosos en ella,
y ante mi persistencia,
tornáronse nictálopes en la negrura aquella,
y vislumbré la entrada de una obscura caverna
que guardaban mil hoscas empusas y quimeras.

Hubo un titubeo momentáneo, pero
pudo más el creciente, curioso deseo
que el miedo.

INTROSPECTION

I opened my mystic balcony out onto the quiet night.
Silence, in the night, was spreading its mystery;
I scrutinized the darkness with an anxious gaze,
and not one spot of light was shining in its veiled immensity.
And before the somber silence my soul became frightened.

With the devout intention of diverting its fear,
I closed my empty eyes and turned them inward.

And I looked and saw nothing.
The same as without,
all was darkness.
A familiar darkness that did not frighten me.

I submerged my curious eyes in it,
and as I persisted
they turned nyctalopic in that blackness,
and I glimpsed the entrance of an obscure cavern,
guarded by a thousand sullen specters and chimeras.

There was a momentary hesitation, but
my growing, curious desire was stronger
than fear.

Salvé la turbamulta de los monstruos dantescos
que con sus zarpas y colmillos me malhirieron;
y traspuesto el umbral de la cueva,
volví a quedar una vez más entre tinieblas.

Estaba perdido
dentro de un antro angosto, gélido y laberíntico,
de viscosas paredes
de trecho en trecho accidentadas por salientes
agudos, bajísimo el techo,
el suelo desigual, resbaladizo,
y fétido el ambiente.

Caminé inclinado, muy despacio, a tientas,
y oprimido el pecho,
y anduve mucho tiempo, mucho tiempo;
hasta que, para alivio de mi angustia,
una piadosa claridad ligera
hizo tenue penumbra,
súbitamente, de la tiniebla.

Parecía ascender de un abismo
que limitaba el largo, lóbrego laberinto;
y a su borde, al momento, alborozado,
me apresuré a acercarme,
y, en efecto, en su fondo lucía una luz tan intensa y brillante
que me dejó suspenso y deslumbrado.

Era una luz tan bella
cual antes otra alguna nunca viera.

El tiempo transcurría
y yo seguía absorto y deslumbrado.
Afuera, en tanto,
rasgó la obscuridad el nuevo día
y me encontré alelado,
como un idiota ciego, mirando en el vacío...

I cleared the crowd of those Dantesque monsters
that wounded me with their claws and fangs,
and having crossed the threshold of the cave,
I found myself again in the dark.

I was lost
in a narrow, cold, labyrinthine den,
with slimy walls
broken at intervals by pointed projections,
a very low roof,
uneven and slippery the floor,
and fetid the ambient air.

I walked bent forward, very slowly, groping,
and went on for a long, long time
with a heavy heart,
until, to the relief of my anguish,
a merciful touch of light
suddenly turned the darkness
into a tenuous penumbra.

It seemed to come up from an abyss
that limited the lengthy, lugubrious laberynth;
and immediately, elated,
I hastened to approach the edge;
and indeed from its depths shone such an intense, bright
                                                  [light
that I was left dazzled and bewildered.

It was a light so beautiful
such as I had never seen before.

Time went by
and I remained absorbed and dazzled.
Meanwhile, outside,
the dawn of a new day tore the darkness
and found myself stupefied
like a blind idiot, staring at emptiness...

¡Y es que seguía absorto y deslumbrado!

Al fin y al cabo el politono ruido
del laborioso mediodía urbano
me desenmimismó. Con un esfuerzo,
nostálgicamente resignado,
cerré mi balcón místico y, suspirando, luego,
volví a mis menesteres cotidianos.

Desde entonces con harta frecuencia
es mío un vago gesto de ironía o tristeza,
que encubre una muda protesta,
porque mis semejantes en sus diarios empeños,
indiferentes, al cruzar, me rozan
¡sin sospechar la luz que llevo dentro!

¿De qué sirve un candil en la noche del bóreas?

And it was because I was still absorbed and dazzled!

At last the polytonal noise
of the toiling urban midday
drew me from my self–absorption. With an effort,
nostalgically resigned,
I closed my mystic balcony, and then, sighing,
returned to my everyday pursuits.

Since then I very frequently
exhibit a vague gesture of irony or sadness
that conceals a mute protest,
because my fellow men, in their daily chores,
graze me indifferently on passing
without suspecting the light I bear inside!

What is the use of a candle in the boreal night?

CANTO DEL FRACASO

   Voy a entonar el canto de mi eterno fracaso.
¿A quién interesa este canto?
Canto obscuro de obscuro fracaso perenne
que a nadie le importa,
pero quiero cantarlo y lo canto.

¿El que quiere puede?
                El que quiere puede.
                              ¡El que quiere puede!

Hoy, en el tiempo nada corta
(¡y bien!)
pero de dichas más que casi virgen
(¡y bien!, ¡y bien!),
se encamina resignada paso a paso
mi vida infame a su ignorado ocaso,
de fracaso en fracaso, de fracaso en fracaso.
(¿Será que habré nacido de cabeza?)

Fracasos de diarias minucias pueriles,
fracasos inocuos de empeños vulgares,
fracasos medianos, fracasos mayores, fracasos inmensos,
cataclísmicos fracasos de los sueños absurdos de mi absurda
                                    [vesánica psiquis,

THE FAILURE SONG

I am going to sing the song of my eternal failure.
Who cares about this song?
Gloomy chant of a gloomy perennial failure
that does not concern anybody,
but I want to sing it and I do so.

If there's a will there's a way?
                If there's a will there's a way.
                              If there's a will there is a way!

Today, by no means short in time
(yes, indeed!)
but more than almost virgin of happiness
(yes, indeed!, indeed!),
my infamous life resignedly advances
step by step towards its unknown vesper,
from one failure to another, from one failure to another.
(Was I perhaps born unlucky?)

Failures of daily childish trifles,
innocuous failures of ordinary exploits,
medium failures, greater failures, immense failures,
cataclysmic failures of the absurd dreams of my absurd
                                      [deranged psyche,

que, para entonarlos, requieren los plectros gigantes
de clásicos Homeros, de bárbaros Valmikis,
fantásticos Dantes.
(Psiquis y Valmikis, ¡vaya un tiquismiquis!)

Se cuentan por días,
se cuentan por horas
y hasta por minutos
(hay momentos también que por segundos).
Y es la perspectiva
que continúen en la misma forma,
hasta el fracaso supremo,
éxito inevitable de la vida.

¡Y desde qué tiempos!
La remota niñez fue testigo de los fracasos primeros.

¡Y cuántos!
El ábaco vulgar de las estrellas
¿será suficiente para enumerarlos?
Desde la amargura del primer fracaso
—el del premio escolar
ávidamente trabajado y esperado—
hasta la agonía
del desesperante, tremendo fracaso
de un dios en mi espíritu.
(¿Ya a veces, por ventura, no he sentido
en el fondo de mi alma el fracaso de Dios?)

Si yo fuera yanqui
reclamaría el campeonato del fracaso.

Origen de mi hastío decantado
y de un tergiversable quietismo:
fracaso.

¿Adónde
fue a parar mi ambición enorme?

which, to be sung, require the giant plectra
of classical Homers, barbaric Valmikis,
fantastical Dantes.
(Psyche and Valmikis, such wording so tricky[90]!)

They can be counted by the day,
they can be counted by the hour
and even by the minute
(sometimes also by the second).
And there is the prospect
of their continuing in the same way
until the final failure,
the inevitable exit from life.

And from so far back!
Distant childhood bore witness to the first failures.

And so many!
Would even the common abacus of stars
be sufficient to enumerate them?
From the bitterness of the first failure
—not winning the school award,
avidly wished and worked for—
to the agony
of the maddening, tremendous failure
of a god in my spirit.
(Have I not, perhaps, sometimes already felt
in the depth of my soul the failure of God?)

If I were a Yankee[91]
I would claim the championship of failure.

The source of my inflated ennui
and of a distortable quietism:
failure.

Where
did my immense ambition go?

Mi nombre,
que soñó la gloria ante él humillada,
ni siquiera alcanza
las once letras de la voz i–m–p–o–r–t–a–n–c–i–a.

Por eso intercalo atenuantemente la insólita Z
entre las dos bisílabas palabras
que mi forzosa obscuridad proclaman.

¡Guay de quien osare pretender dar la brava al destino!
Pragmáticamente, ¡cuánto menos duro no es darse la brava a
[sí mismo!

Así pues, de fracaso en fracaso,
a ratos ostensibles, ora disimulados,
va mansamente mi existencia hacia su ocaso...
¡Qué vivir tan bello!

Y después... ¡Oh, Dios mío, si Tú *eres*,
sálvame del fracaso de tu cielo!

O, tú, la Eternidad, —plegaria absurda—
si lo único eres,
¡líbrame del fracaso póstumo del olvido
tras el triunfo inexorable de la muerte!

(¿Será en realidad un canto
este montón de versos deslavazados?)

My name,
which dreamed of glory humbled before it,
does not even reach
the eleven letters of the word c–o–n–s–e–q–u–e–n–c–e.

That's why I insert the unusual, extenuating Z
between the two disyllabic names
that proclaim my forced obscurity.

Woe to him who would dare to try bullying destiny!
Pragmatically, how much less hard it is to bully oneself!

Thus, from failure to failure,
sometimes obvious, sometimes dissembled,
my existence moves meekly towards its twilight...
What a lovely way of living!

And afterwards... O, my God, if Thou *art*,
save me from the failure of thy heaven!

Or, you, Eternity, —an absurd prayer—
if you are the only thing,
deliver me from the posthumous failure of oblivion
after the inexorable triumph of death!

(Is it really a song
this pile of colorless verses?)

LA PALABRA INUTIL

*Torres de Dios, poetas,
pararrayos celestes...*
Rubén Darío

THE USELESS WORD

*Towers of God, ye poets, heavenly
lightning rods...*
Rubén Darío

YO POETA...

A Enrique Serpa

*Si / dentro de ti / irradia
algún sol / de Coll / y
Vehí, / no admitas la col /
ni la i. / ¿Y si alguien
protesta?. / Le riegas la
cresta. / ¿Con? / Perdón: /
Pipí .*
Alvaro Armando Vasseur

Como colega lírico voy a expresarme, Serpa:
atrevido colega de quien dirán los críticos:
'A la viña poética le ha salido una jerpa.'
Si bien, a su desprecio, mi desprecio equilibra,
pues que son aristarcos raquíticos,
de aquéllos que en música
no han pasado de *Doña Panchívera*,
y a quienes ofusca
toda luz que, altiva, por sí misma riela,
sin cuidar de la ruin, anacrónica vela
que su ceja erudita chamusca.

Para hablar francamente, no creo
que haya más de cuatro de nuestros estetas
que me den un sitio entre Los Poetas.

I, A POET...

To Enrique Serpa

*If / within you / any sun
radiates / of Coll / and
Vehí, / do not admit the
'col'*(92) */ nor the i. /
And if someone protests? /
You sprinkle his crest. /
With? / Pardon: / Weewee.*
Alvaro Armando Vasseur

As a lyric colleague I am about to express myself, Serpa:
a bold colleague about whom the critics will say:
'A sterile shoot has grown from the poetic vine.'
But my contempt cancels out their contempt,
for they are rickety aristarchs
of the kind that, in music,
haven't gone beyond *Doña Panchívera*(93),
and who are dazzled
by any light that proudly shines on its own,
and taking no notice of the mean, anachronical candle
that scorches their scholarly brows.

To speak frankly, I do not believe
there are more than four of our aesthetes
who'd give me a seat among The Poets.

Mas en mi rol de pseudo–Prometeo,
sus débiles picadas en mi entraña no siento,
y en cambio, con los cuatro que dije me doy por contento.

Después de todo, sé que voy en coche,
pues las más de las veces desconfío
de mi poder; y la razón es ésa
por que cuando un crítico, haciendo derroche
de indulgencia, al juzgar algo mío
dijo: 'Es una seria, futura promesa',
yo pensé, ¡qué oportuno momento,
de la eterna noche,
para el inevitable advenimiento!

Sintiéndome centro del mundo,
la simiente que en mi alma la vida sembrara
quise devolverle en opimo fruto.
Yo no tengo la culpa de ser poco fecundo;
por mí, ciento por uno cosechara.
De cualquier modo,
adoro la piedra, la planta y el bruto,
y sobre todo, Serpa, sobre todo:
'Nihil humanum a me alienum puto.'

Prescindiendo de rancias retóricas,
de viejas mordazas, de moldes arcaicos,
vaciar he querido mis arcas, pletóricas
de rústicas joyas e ingenuos mosaicos,
fabricados en mi íntima tienda
con instrumentos propios,
sin prójimos modelos ni hábiles acopios
de ajenos recortes, y, sincero gaje,
a mis semejantes con ellos hacer una ofrenda
que diga mi interno mensaje.

Lo que arriba expuse no implica que no haya tenido
                              [maestros
    —vil es la astilla que negare al palo—;

But in my role as pseudo-Prometheus,
I do not feel their feeble stings in my vitals,
and on the other hand, I am happy with the four I just
[mentioned.
After all, I know I can't complain
since most of the time I mistrust
my own powers; and that's the reason why,
when a critic, squandering
his indulgence on judging my verses,
said: 'He is a serious, future promise',
I thought: What a timely moment
for the inevitable arrival
of eternal night!

Regarding myself as the center of the world,
I wanted to give back, in abundant fruits,
the seed that life had planted in my soul.
It is not my fault that I am not very prolific;
if I could, I would reap a hundred to one.
Anyway,
I adore stones, plants, beasts,
and above all, Serpa, above all:
'Nihil humanum a me alienum puto.'

Dispensing with rancid rhetoric,
with old muzzles, with archaic patterns,
I wanted to empty my coffers full
of unpolished jewels and simple mosaics,
produced in my innermost shop
with my own tools,
without alien models nor skilful gathering
of foreign trimmings, and, a sincere pledge,
to make with them a present to my fellow beings
that would declare my inward message.

What I just said does not mean that I had no teachers
—vile is the chip that would deny the old block—;

nula fuera tal vez mi cosecha sin los próceres estros
del padre Darío,
de aquél
con quien fuera el destino tan malo
—de Silva—; de Jammes, el que pone en sus páginas miel
y rocío,
y de Agustín Acosta nuestro hermano
mayor que, entre paréntesis, me achaca a Beaudelaire,
al cual,
para vergüenza mía, conozco poco y mal.
Y
muchos otros el nombre de los cuales no digo,
feliz hallazgo de la vista zahorí
de más de un buen amigo.

Y esto confeso, Enrique Serpa, vas a saber
algo que me orgullece —al fin y al cabo, humano—
y es la propia conciencia
—paradoja— de que antes
de conocer a algunos de los previos gigantes,
fue mía su influencia.

Si ser poeta es cincelar orfebrería,
componer pegajosas melodías,
copiar con lente de fotografía,
no soy poeta.

Mas si ser poeta
es a ratos sentirse como un niño pequeño,
ávido de caricias maternales,
o marcharse al país de los ensueños
ante las languideces vesperales;
y trocarse pronto en Pan bicorne
a vista de unos senos virginales,
o de la prima hasta que el sol retorne
pensar en los dolores y en los males;
y apenas púber, ya sentirse anciano
y añorar del *plus ultra* los umbrales;

my harvest would perhaps be null without the lofty afflatus
of father Darío(95),
of him
to whom fate was so adverse —Silva—;
of Jammes, he who puts in his pages honey
and dew,
and of Agustín Acosta, our older brother
who, by the way, attributes me to Beaudelaire,
whom, to my shame, I know scarcely and badly.
And
many others whose names I am not telling,
the happy discovery of more than one good friend's
penetrating sight.

And this being confessed, Enrique Serpa, you are going to
[learn
something that makes me proud —human, after all—
and that is my own awareness
—a paradox— that before
I even knew some of the prior giants,
their influence was mine.

If to be a poet is to work in filigree,
to compose catchy melodies,
to copy with a photographic lens,
I am not a poet.

But if to be a poet
is to feel sometimes like a little child,
eager for maternal caresses,
or to go off to the realm of dreams
before the vespertine languors;
and turn suddenly into twin–horned Pan
at the sight of virginal breasts,
or from dusk till sunrise
ponder about pain and evil;
and hardly more than a boy, to feel old
and long for the threshold of *plus ultra*;

y comprender y amar cuanto es humano
y oír las sinfonías estelares,
y gozar de una absurda serenidad inquieta,
entonces, ¡soy poeta !

Y, tal creyendo, mi mensaje he dicho
con claridad sincera;
sin pulimentos, arabescos o caprichos,
sino a la manera
diáfana y simple del arroyo y de la fuente.

Me empeñé en arrancarme mis secretos
para ofrecerlos sencillamente,
como da los suyos la naturaleza:
desnudos, escuetos,
pero cargados de verdad y de belleza.

No obstante, presiento que voy al fracaso,
porque aún está muy lejos el ocaso
de las cosas manidas y oficiales.

El que ama el *rinnovarsi*[67] se desalienta,
cuando, ni a los buenos, el combate tienta.
Ejemplo, mi caso, típico entre tales,
pues harto triviales
y fútiles resultan mis líricos esfuerzos
si un Martínez Villena[68] desdeña hacer más versos.

Por suerte queda un sitio en lo más hondo
de mi reino interior que todavía
es mío solamente; en él escondo
una luz más bella que la luz del día.
Si alguno lograre atrevido llegar hasta el fondo,
¡con qué desprendimiento mi generosa humanidad se la
                                               [daría!

and understand and love everything human
and listen to the stellar symphonies,
and enjoy an absurd, restless serenity,
then, I am a poet!

And, believing such, I have given my message
with sincere clarity;
without polish, arabesques or whims,
but in the diaphanous and simple manner
of the brook and the fountain.

I insisted on tearing out my secrets
to offer them simply,
as nature gives away hers:
bare, stark,
but charged with truth and beauty.

Nevertheless, I suspect that I'm heading for failure
because the end of stale, official things
is still a long way off.

He who loves *rinnovarsi*[96] becomes discouraged
on seeing that not even the good ones are tempted to
[struggle.
As an example, my case, typical among such,
since my lyrical efforts turn out to be
nothing but trivial and futile
when a Martínez Villena[97] scorns writing more verses.

Happily there remains, at the uttermost depths
of my interior kingdom, a place that still
is mine alone; therein I hide
a light more beautiful than the light of day.
If anyone boldly succeeded in reaching the bottom,
how unselfishly my generous humanity would give it to
[him!

Y ME HICE POETA...
(Fragmentos)
A Esteban de Varona y Ferrer

¡Y el sueño que es mi vida desde que yo nací!
Rubén Darío

....

Tú en mis horas amargas de recóndito duelo
pusiste la delicadeza de tu consuelo,
con fraternal afecto que confortó mi alma
y supo a mi inquietud dar un poco de calma:
¡Oh, cómo te agradezco, Esteban de Varona,
esa piedad que hubiste de mi pobre persona!

Pero el consuelo es sólo una tregua ligera
en mi inútil, monótona, incesante carrera
hacia una meta incógnita, la que quizá no existe,
aunque mi alma turbada en hallarla persiste.
(Por esa persistencia en ir hacia una meta
que es acaso un miraje, me he creído poeta.)

....

Fue la desesperanza mi implacable madrastra

AND I BECAME A POET...
(Excerpts)
To Esteban de Varona y Ferrer

And the dream that is my life since I was born!
Rubén Darío

....

Into my bitter hours of concealed grief
you put the sensitiveness of your consolation
with a fraternal affection that comforted my soul
and knew how to give my restlessness a bit of peace:
Oh, how I thank you, Esteban de Varona,
for that pity you had on my poor person!

But consolation is just a small truce
in my useless, monotonous, unceasing race
towards an unknown goal, that perhaps does not exist,
though my troubled soul in finding it persists.
(On account of that persistence in going towards a goal
which is perchance a mirage, I have believed myself a poet.)

....

Hopelessness was my implacable stepmother,

y abandoné el intento de ir *per aspera ad astra*,
pues los dioses, que ciegan al que quieren perder,
mostrándose enemigos no me dejaron ver
la alma estrella de oriente que al elegido guía
en medio de la noche hacia la luz del día.

....

¡Y lo que yo he luchado antes de izar bandera
blanca para rendirme! Oh, amigo, si pudiera
contarte la fantástica, espeluznante gesta
—interior epopeya horrible—, mas me resta
el valor y la fuerza, pues para ser descrita
tal épica contienda interna necesita
algo así como el numen de aquel sublime iluso
que el infierno y la gloria en un poema puso.

¡Oh, mis anhelos truncos, mis esperanzas rotas!
¿En el día de Reyes nunca hallaste tus botas
vacías, y sentiste en lo hondo, en lo más hondo
del ser, donde parece que se ha llegado al fondo,
una aguda punzada? Algo de eso es mi historia:
es una cosa triste y a la vez irrisoria.

Durante muchos años me aparté de la tierra
sin notar que la carne a su madre se aferra.
Detesté nuestro tiempo de mercantilería
—por fuera esencia y polvos, por dentro porquería—
puerilmente añorando los tiempos belicosos
de caballeros ágiles en corceles fogosos,
de justas y torneos, heraldos y bufones,
cruzados, trovadores y peregrinaciones
—tiempos de heroicos hechos que ingenuos *coronistas*
relataban en versos que odian los modernistas—;
y mi mente alocada en sus sueños fantásticos
reprodujo a menudo extraños cuadros plásticos,
donde vi los jardines de millares de Armidas

and I forsook the intent of going *per aspera ad astra*,
as the gods, who blind those they want to ruin,
proving themselves my enemies, would not let me see
the holy eastern star which guides the chosen one
in the midst of night towards the light of day.

....

And how I struggled before hoisting the white flag
to surrender! Oh, my friend, if I could only
tell you the fantastic, hair-raising saga
—a horrible inner epopee—, but I lack
the courage and the strength, for to describe
such an epic inward struggle requires
something like the spirit of that sublime visionary
who put hell and paradise into a poem.

Oh, my truncated yearnings, my broken hopes!
On an Epiphany morning, did you ever find your shoes[98]
empty, and felt in the depths, in the lowest depths
of your being, where it seems the very bottom has been
                                                             [reached,
a sharp pang? Something like this is my story—
it is a sad and yet a laughable affair.

For many years I shunned the earth
without noticing that flesh clings to its mother.
I hated our times of mercantilism
—outside, perfume and cosmetics, inside, only filth—
childishly longing for those warlike times
of agile knights on fiery steeds,
of jousts and tournaments, heralds and jesters,
crusaders, troubadours and pilgrimages
—times of heroic deeds that ingenuous chroniclers
used to recount in verses abhorred by modernists—;
and my reckless mind in its fantastic dreams
often reproduced odd *tableaux vivants*
where I saw the gardens of thousands of Armidas

y poseí los míticos tesoros del rey Midas,
sin pensar, extraviado entre lunas y soles,
en los indispensables, cotidianos frijoles.

Me elevaba muy alto y cuando me caía,
en el fango buscaba consuelo a mi agonía,
porque no tuve nunca un numen tutelar
en tan rudos combates como hube de librar,
cuya visión bendita me hiciese un poco bueno,
sirviendo a mis pasiones de poderoso freno...
(¿El cuento de la amada será una cantaleta
que sirve para que haga versitos el poeta?)

Necio, creí en la dicha varios años atrás;
hoy me doy por contento con un poco de paz.
De la paz hogareña con visos rusticanos
que vemos en caseros cuadros *americanos*,
de ésos en los que un hombre junto a la chimenea,
con la esposa en el brazo del sillón, fantasea:
paz de libros, gallinas, pan fresco, zapatillas,
visitas algo cursis, bebés en las rodillas;
de prolíficos besos antes de medianoche
y de un día tras otro hasta cerrar con broche
de plata una existencia fecunda en anodinos
sucesos pero pobre en trágicos destinos.

....

Para volver de nuevo a comenzar, oh, Esteban,
es ya tarde; los años implacables me llevan
—pobre barca sin rumbo que hacia la nada avanza
por los mares sin costas de la desesperanza—
muy lejos de la época dorada en que se ignora
y ríe, hacia la negra en que se sabe y llora.

and owned the mythical treasures of king Midas,
never giving a thought —lost among so many moons and
[suns—
to the indispensable daily bowl of beans.

I would rise very high, and when I would fall,
I would seek in the mud consolation to my grief,
for I never had a guardian spirit
in the fierce struggles I had to fight,
whose blessed vision, serving as a powerful bridle to my
[passions,
would have made me somewhat good...
(Could that story about the beloved be just a rigamarole that
gives the poet something to write his doggerel about?)

A fool, I believed in happiness some years ago;
today I am contented with a little peace.
That homy peace with rural traces
that we see in American household pictures,
the kind where you see a man by the fireplace
—his wife seated on the chair arm— sunk in reverie:
peace of books, hens, fresh bread, slippers,
somewhat silly visits, babies on the knees;
of prolific kisses before midnight, and going on
from day to day until closing with a silver clasp[99]
an existence rich in trivial events
but poor in tragical destinies.

....

To start anew, O, Esteban,
is now too late; the implacable years take me
—poor courseless craft moving towards nothingness
through the coastless seas of hopelessness—
far away from the golden age when one does not know
and laughs, towards the dark one when one knows and
[weeps.

Cansado. derrotado, quise hallar un remanso
—compensación o alivio—, un lugar de descanso,
y buscándolo alacre por lugares diversos,
yo mismo, no sé cómo, me encontré haciendo versos.
Dije en ellos mis ansias, inquietudes, anhelos
de extrañas cosas, dudas que causan mis desvelos;
pero quise decirlo de modo diferente
del que hasta entonces usara la apolonida gente,
y mis noveles versos fueron sólo hojarasca,
pretensiosa basura que agitó la borrasca
de mi espíritu inquieto que en sus complejidades
ama las paradojas y las absurdidades.
¿No es harto inverosímil, absurdo, necio, ilógico,
petulante, ridículo, audaz y paradójico,
que invada los dominios de la Poesía, quinta-
esencia de las artes, un simple *chupatinta*?
Me expongo a que cruelmente atrabiliario crítico
cuya dolencia hepática le dé humos, impolítico
me diga con el ceño fruncido: 'Zapatero,
¡ligero a tus zapatos!' No, Esteban, yo no quiero,
o no quisiera nunca, revolverles la bilis
a los buenos señores que aún aman a las Filis.

Después de todo, creo uno de tantos males
terminar en laureado de unos juegos florales
de los que acaso el premio no llegue ni a cien pesos
con que acallar el hambre del fruto de unos besos
dados sin el intento —y esto sin que desprecie
mi primordial oficio— de propagar la especie.
Ya Murger[69] no compensa en esta nueva era
el subir a la luna sin usar escalera.

....

Es mejor que me vuelva a mis legajos y entre
mis expedientes siga cultivando mi vientre

Weary, defeated, I wanted to find a backwater
—compensation or relief—, a resting place,
and searching with alacrity in different places
I found myself, I know not how, writing verses.
In them I told of my anxieties, restlessness,
longings for strange things, the doubts that cause my
                                              [sleeplessness;
but I wished to say it in a different way
from the one used till then by the Apollonian folk,
and my novel verses were only dead leaves,
pretentious rubbish stirred by the storm
of my restless spirit, which with its complexities
loves paradoxes and absurdities.
Is it not very unlikely, absurd, foolish, illogical,
petulant, ridiculous, audacious and paradoxical
that a simple *inksucker*[100] should invade
the dominions of Poetry, the quintessence of art?
I risk having a tactless, irascible critic,
made touchy by liver disorders,
telling me cruelly with a frown: 'Shoemaker, quick,
back to your last!' No, Esteban, I do not wish,
or would never wish, to stir the bile
of the good gentlemen who still love the Phyllises[101].

After all, I consider it one evil among so many others
to end up as a poet laureate in the kind of contest
where the prize may not even amount to a hundred dollars
with which to abate the hunger of the fruit of some kisses
given without the intention —and I say this without
                                              [disregarding
my main job— of propagating the species.
In this new era, Murger[102] no longer makes up for
going to the moon without using a ladder.

....

I had better go back to my legal papers and among
my files continue cultivating the paunch

de empleado perfecto que espera ser nombrado,
con el tiempo y un gancho, jefe de negociado.

Por fortuna el deseo ha tiempo no me asedia:
frustrados mis empeños, todo intento me atedia.

....

Perdóname y escucha: no turbes del pagano
la alegría mostrándole que penas por tu hermano.
Haz como yo, sonríe siempre y amablemente,
¡no hay un placer más grande que engañar a la gente!

Conforme, resignada, mi paciencia se aposta
en una roca, viendo hacia lejana costa
pasar nave tras nave; y siempre inconmovible
la verás en la hora rugiente o bonancible.

Hasta que alguna tarde a mi espigón atraque
el bajel en que llega la bien amada, la que
siempre se está riendo porque no tiene labios,
la que vendrá a vengarme de todos mis agravios.
Me besará en la frente, me envolverá en su manto
que está hecho de olvido, y me dará el encanto
de no pensar; por siempre me llevará consigo,
no sé adónde —¿quién sabe?— Ya no seré tu amigo.

Entonces, una lágrima, Esteban de Varona,
una lágrima ardiente que la cara te abrase
y que su huella deje en tu alma cuando pase,
¿tendrás para el recuerdo de mi pobre persona?

of a perfect employee who expects to be appointed,
in due time and with some help, chief of a section.

Luckily, it is long since desire besieged me:
with my efforts frustrated, any endeavor bores me.

....

Pardon me and listen: do not disturb the pagan's
joy by showing him that you grieve for your brother.
Do as I do, smile always and amiably,
there is no greater pleasure than deceiving people!

Compliant, resigned, my patience stations itself
on a rock, watching ship after ship
passing towards a distant shore; and you will always see it
unmoved, both in the roaring hour and in the calm one.

Until some evening there moors at my dockside
the vessel carrying the beloved, she
who is always laughing because she has no lips,
the one who will come to avenge all my wrongs.
She will kiss my forehead, she will wrap me in her mantle
made of oblivion, and she will bestow on me the magic
of not thinking; she will take me with her forever,
I know not where —who knows?— I shall be your friend
[no more.

Then a tear, Esteban de Varona,
a scorching tear that will burn your face
and leave its mark on your soul in passing,
will you shed in memory of my poor person?

ARTE POETICA
A José Antonio Fernández de Castro

¿Siempre se ha de sentir lo que se dice?
¿Nunca se ha de decir lo que se siente?
Quevedo

Tú, José Antonio, oficialmente culto[70],
y un cincuenta por ciento
de antologista de rapsodas criollos[71];
corifeo de artistas ultranuevos
e intelectual, pues te paseas entre ellos,
de seguro
que sabes de estas cosas más que un poco.

Hace cerca de un siglo, un bardo melenudo
que ostentaba una simiesca patillita,
a una mujer le dijo: '¡Poesía eres tú!'
(Está claro que entonces no había feministas.)

Y hoy después de cien años, casi, casi,
todavía hay legiones de liróforos,
pero de crema fría y miel rosada,
que, tomándola en serio, siguen aquella broma,
y, los ojos en blanco y la mano en el pecho
(lado izquierdo)

POETICAL ART
To Jose Antonio Fernández de Castro

Should what is said always be felt?
Should what is felt never be said?
                              Quevedo

   You, José Antonio, officially learned[103]
and a fifty per cent
anthologist of creole bards[104],
coryphaeous of ultranew artists
and an intellectual, since you walk among them,
surely
you know more than a little about these things.

Almost a century ago a bushy–haired poet
boasting little simian whiskers[105]
told a woman: 'You are poetry!'
(Of course, there were no feminists at that time.)

And today, after almost a hundred years,
there still are legions of lyrophores,
but made of cold cream and honey and roses,
who, taking it seriously, keep up the joke
and, with eyes rolled to heaven and hand laid on chest
(left side),

y la voz temblorosa y hueca,
nos largan una espinela como ésta:

> Desde que tú me miraste
> sólo conozco dolores,
> ¡tales son las tristes flores
> que en mi corazón sembraste!
> Mi pobre alma traspasaste
> con los dardos de tus ojos,
> y entre punzantes abrojos
> me condenaste a vivir,
> ¡o eternamente a morir
> ante tus plantas, de hinojos!

Y *ella* es su novia, pero no lo sabe.

Otros, reyes de mundos interiores,
de dieciséis a diecisiete,
deshollinan su espíritu lleno de telarañas
y exteriorizan su interior desguace
dando a la rosa de los vientos
mil endechas alejandrinizadas.
Ejemplo:

> ¡Oh, qué angustia infinita y qué tristezas vagas
> se adueñan de mi espíritu en estos grises días:
> me asedian los recuerdos de mis horas aciagas,
> mis nostalgias, mis tedios y mis melancolías!

Son sus horas aciagas cuando Papá les dijo:
'Hoy no te doy un medio[72] para el cine.'

(No cuento a los que cantan a la raza
y dicen que Maceo[73] es biznieto del Cid,
y otras sandeces de la misma casta.)

in a trembling and hollow voice
shoot away a ten-line stanza like this:

> Ever since you looked at me
> I have known only grief,
> such are the sad flowers
> that you in my heart planted!
> My poor soul you pierced
> with the darts from your eyes,
> and among pricking thorns
> you condemned me to live,
> or eternally to die
> kneeled at your feet!

And *she* is his sweetheart, but she doesn't know it.

Others, kings of their inner worlds,
from sixteen to seventeen,
sweep out their cobwebbed spirits
and exhibit their interior turmoil
launching to the four winds
a thousand alexandrine[106] dirges.
Example:

> O, such an infinite anguish and such vague
>   [sorrows
> seize hold of my spirit in these gray lugubrious
>   [days:
> I am besieged by the memories of my fateful
>   [hours,
> by my longings, my tedium, and my melancholy.

Their fateful hours are when Dad told them:
'Today I won't give you a nickel for the movies.'

(I don't count those who sing to the race
and say that Maceo[107] is a great-grandson of the Cid,
and other such nonsense.)

De tal suerte,
el sonsonete eterno del chorro de melaza
o del chorro de acíbar.

La escala del Parnaso ha setenta escalones.
Al otro extremo
están los sedicentes poetas de vanguardia,
que decapitan el humo de sus metáforas
y degüellan el ritmo de sus parábolas;
y es Darío para ellos Tutankamen,
y de tal año para atrás el arte es nulo.

¡Qué espanto ante lo fuerte y lo prosaico!
¡Qué esclavitud!
¡Qué desdén por lo romántico y lo clásico!
¡Y qué impotencia!

Cursiladas y boberías.
Entre Bécquer y Marinetti hay un mundo de poesía.

Hay poesía en un buen par de nalgas,
hay poesía en un buen par de tetas,
y hay mucha poesía entre las piernas.

En la sonrisa estúpida de un niño,
en la caricia de una madre puta,
en el tímido ademán de un limosnero,
en la cadencia salvaje de la rumba,
y en las eses de los borrachos
y hasta en un parte policiaco.

Hay poesía en el motor de un auto
y en el trapiche de cualquier ingenio,
en la Ludlow y linotipos de la imprenta,
en la mirada serenísima de Edison
y en la cuchilla del Dr. Nogueira[74].

And so it goes,
the eternal singsong of the stream of molasses
or the stream of bitter aloe.

The stairway to Parnassus has seventy steps.
At the other end
are the self-appointed vanguard poets
who behead the smoke of their metaphors
and slash the rhythm of their parables;
and, to them, Darío[108] is a Tutankhamen,
and art before such-and-such a year is of no account.

What fear of the strong and the prosaic!
What subservience!
What scorn for the romantic and the classical!
And what impotence!

Affectation and silliness.
Between Bécquer and Marinetti[109] there is a world of
[poetry.

There is poetry in a good pair of buttocks,
there is poetry in a good pair of teats,
and there is a lot of poetry between the legs.

In the stupid smile of a child,
in the caress of a whoring mother,
in the timid gesture of a beggar,
in the wild cadence of the rumba,
and in the reeling of drunks
and even in a police news story.

There is poetry in a car engine
and in the mill of a sugar factory,
in the Ludlow and linotypes of the press room,
in the very serene look of Edison
and in the scalpel of Dr. Nogueira[110].

Como en las albas tocas de sor Juana,
hay poesía en la punta de una lanza
y en la velocidad de una bala.

Y en la sotana cándida de Pío
y en los ojos del Dalái Lama
y en la dureza de la Kaaba.

Hay poesía en el negrito limpiabotas,
y en la *bodega* de Monestina (Blanco y Animas)
y, como en el geranio ventanero,
en un bosque de ceibas centenarias.

Y en los legajos de la notarías,
y en los libros mayores y en los diarios,
y la hay en la *bolita*[75] y en el póker,
como la hay en las carreras de caballos.

Y hay poesía en un *aguamala*
y en el informe de un fiscal
y en una píldora de opio
y en el rabo del alacrán.

Hay poesía en el anacoreta,
y la hay en la masa proletaria,
en Prado Uno[76], en la Loma del Príncipe[77],
y en la tragedia de un regimiento que pasa.

Hay poesía en una bicicleta
y en la barriga de un burgués
y en un cuello de celuloide
y en un juego de balompié.

Y en una trompada de Dempsey,
y del Bambino en un batazo,
y en una pirueta de Chaplin
y en un gesto de Gloria Swanson.

As there is in the white coif of Sor Juana,
there is poetry in the point of a spear
and in the speed of a bullet.

And in the white cassock of Pius
and in the eyes of the Dalai Lama
and in the hardness of the Kaaba.

There is poetry in the little Negro bootblack
and in Monestina's grocery (Blanco and Animas Streets)
and, as in the geranium on the window sill,
in a forest of centenary kapok trees.

And in the files of the notarial offices,
and in the ledgers and the journals,
and it is there in the *numbers* and in poker,
as it is there in the horse races.

And there is poetry in a jellyfish
and in a brief from the prosecution,
and in an opium pill
and in the scorpion's tail.

There is poetry in the anchorite
and it is there in the proletarian mass,
at Number One Prado Street[111], on Prince's Hill[112],
and in the tragedy of a passing regiment.

There is poetry in a bicycle,
and in a bourgeois' paunch,
and in a celluloid collar,
and in a football game.

And in a punch from Dempsey,
and in a slug by the Bambino,
and in one of Chaplin's gambols,
and in a gesture by Gloria Swanson.

Y en la espalda de los estibadores
y en los bíceps de hierro del herrero,
y en los bueyes que tiran del arado,
y en un trasatlántico *raid* aéreo,

Hay poesía en la frente de Lenin,
y hay quien la encuentra en *il duce* italo;
y hay poesía en el pipisigallo[78]
y en un policía de tránsito.

Y mucha y buena en una trompetilla,
y en los modales de una virulilla,
y en la campana y en la campanilla.

Hay poesía en un centro espiritista,
y hasta en una cocción vegetariana.
Y hay poesía en los editoriales
y poesía en la primera plana.

Y en las proclamas de Sandino
y en los millones de Henry Ford,
y en el drama grotesco de un tarrudo,
y en la nueva constitución[79].

Hay poesía en el trato del esqueleto[80],
y hay poesía en las gallinas cluecas,
y en las blasfemias de un carretonero.
¡Mas la cuestión es dar con ella!

And in the shoulders of longshoremen,
and in a blacksmith's iron biceps,
and in the oxen pulling the plow,

and in a transatlantic aerial *raid*[113].

There is poetry in Lenin's forehead,
and there are some who find it in the Italian *duce*,
and there is poetry in the *pipisigallo*[114]
and in a traffic policeman.

And a great deal of it, and good, in a Bronx cheer,
and in the manners of a *virulilla*[115]
and in the bell and the tintinnabulum.

There is poetry in a spiritualist center,
and even in a vegetarian dish.
And there is poetry in the editorials
and poetry on the front page.

And in Sandino's[116] manifestos
and in the millions of Henry Ford,
and in the grotesque drama of a cuckold
and in the new constitution[117].

There is poetry in the skeleton deal[118],
and there is poetry in broody hens,
and in the curses of a cartdriver.
But the question is to find it!

PROCLAMA

Gente mezquina y triste,
que al par sabéis de las rebeldías vergonzantes e incógnitas,
y de las renunciaciones cobardes y heroicas,
escuchad la voz de uno que habla por vosotras.

Yo soy el poeta de una casta que se extingue,
que lanza sus estertores últimos ahogada por el imperativo de
                                        [la historia;
de una casta de hombres pequeños, inconformes y
                                        [escépticos,
de los cómodos filósofos de 'en la duda, abstente',
que presienten el alba tras las negruras de la noche,
pero les falta fe para velar hasta el confín de la noche.
(¿No oís el trueno sordo de la impotencia nuestra?)

Soy uno de los últimos que dicen,
trágicamente, 'yo',
convencido a la vez de que el santo
y seña de mañana tiene que ser 'nosotros'.

Yo soy el que en su día y en su medio
rompió con fiera alacridad moldes arcaicos;
al que los hierofantes tropicales ultranuevos,
a la sazón, de sibilino desdeñosamente tildaron,

PROCLAMATION

You mean, sad people
who know both shaming and secret defiances,
and cowardly and heroic renunciations,
listen to the voice of one who speaks for you.

I am the poet of a dying breed
that draws its last breath smothered by the imperative of
[history,
a breed of small, discontented and skeptical men,
the effortless philosophers of 'when in doubt, abstain',
that foresee the dawn beyond the blackness of night,
but lack faith to keep vigil until the end of night,
(Do you not hear the stifled thunder of our impotence?)

I am one of the last to say,
tragically, 'I',
while convinced that the pass-
word of tomorrow must be 'we'.

I am the one who in his day and his milieu
broke with fierce alacrity archaic patterns,
whom the ultranew tropical hierophants
at the time branded disdainfully as sibylline,

cuando el anarquismo de las imágenes aún no había cruzado
                                           [el charco(81)
arribando a las playas criollas
por la vía de los ajenos maestros consagrados.

Soy un hombre genuino de mi clase y mi medio,
soy el representante auténtico
de una casta que se va, que desaparece sin remedio.

Llevo hundidas hasta los tuétanos las raíces milenarias del
                                                  [pasado,
y clavadas en lo más hondo las saetas venenosas del ayer,
contra cuya punzadura mortífera, gallarda e inútilmente me
                                                  [revuelvo,
y, aunque me cueste un triunfo, sinceramente lo confieso.

Veo mis taras y enrojezco hasta la punta del cabello;
y cegado por el resplandor de las hogueras del pasado,
no vislumbro el camino que me conduzca a donde se forja lo
                                                     [nuevo.

Palpo la vanidad de todos los dioses y me signo en la
                                                  [sombra,
y a hurtadillas de mí mismo, alzo los ojos al cielo,
alimentando a la vez la certeza de que *eso*, y nada más, es el
                                                   [cielo.

Y a sabiendas de que dos y dos han sido,
son y serán jamás no más que cuatro,
me estremecen los ruidos ignotos, de cuando en cuando.

Y ante el tumulto mayestático y positivo de las olas del
                                                  [oceano,
me seduce la mezquina gota de agua aislada en el
                                              [microscopio;
y gritando a ratos en voz alta, '¡nosotros!',
repito una y mil veces en voz muy baja, 'yo'.

when the anarchism of images had not yet crossed the
                                             [pond(119)
to arrive at our native shores
by way of consecrated alien masters.

I am a genuine man of my class and my milieu,
I am the authentic representative
of a vanishing breed, hopelessly disappearing.

Sunk in the very marrow of my bones I bear the millenary
                                             [roots of the past,
and driven deep within me, the poisonous arrows of
                                             [yesterday,
against whose lethal sting with useless gallantry I toss and
                                             [turn,
and although it may cost me a trump, I sincerely confess it.

I see my blemishes and I blush to the tip of my hair;
and blinded by the glow of fires from the past,
I can't make out the path leading me to where the new things
                                             [are forged.

I feel the vanity of every god and I stealthily cross myself,
and in secret from myself I raise my eyes to heaven
while harboring the certainty that *that*, and nothing more, is
                                             [heaven.

And knowing full well that two plus two have been,
are, and will always be no more than four,
strange sounds make me tremble, from time to time.

And faced with the majestical, positive uproar of the ocean's
                                             [waves,
I am charmed by the petty drop of water isolated under the
                                             [microscope;
and now and then shouting aloud 'we!',
I very softly repeat once and a thousand times, 'I'.

Soy de la estirpe de los hombres puentes;
y justifico la obsesión del ayer, que me retiene preso,
con la preocupación, pueril y remota,
del pasado mañana, que a nadie le importa;
soy capaz del absurdo de todos los obscuros sacrificios,
sin la convicción del profeta, del apóstol o de sus discípulos.

Quise en mi tiempo romper unos cuantos eslabones,
y me expresé en mi tiempo con palabras distintas,
y fui precursor en mi tiempo de lo que era diferente y
                                    [contrario de ayer.

Hoy estoy solo, absolutamente solo,
y no soy de mañana ni de ayer.
Pero los de ayer me consideran de mañana,
y los de mañana me juzgan un hombre de ayer.
Mas yo me yergo, altivo y arrogante,
cual pétreo monolito en medio del desierto,
y sé quién soy, y lo que soy, he sido y seré,
y lo que se me debe y lo que hice y lo que todavía puedo
                                      [hacer.

Y sé que en mi tiempo di golpes de mandarria para quebrar
                                      [cadenas,
y que si no pude romperlas fue porque no podía ser.
Y que si otros vinieron detrás y las rompieron,
algo menos duras las encontraron por los golpes con que no
                                      [las pude romper.

Yo he cantado las congojas del hombre que no puede ser de
                                      [mañana
y no quiere seguir siendo de ayer:
angustias que a nadie interesan, mas que experimentan

I belong to the lineage of bridge–men,
and justify my obsession with yesterday, which keeps me
[bound,
by childish and remote anxieties
regarding the day after tomorrow, about which nobody
[cares;
I am capable of the absurdity of all obscure sacrifices
without the conviction of the prophet, the apostle or his
[disciples.

I wanted in my time to break a few links,
and I expressed myself in my time with new words,
and in my time I was a harbinger of what was different and
[opposed to yesterday.

Today I am alone, completely alone,
and I belong in neither tomorrow nor yesterday.
But those of yesterday consider me as of tomorrow,
and those of tomorrow regard me as a man of yesterday.
But I stand up, haughty and arrogant,
like a stony monolith in the middle of the desert,
and I know who I am, and what I am, have been and will
[be,
and what is owing to me and what I did and what I can do
[still.

And I know that in my time I struck mallet blows to crack
[chains,
and if I could not break them, it was because it could not be.
And if others came afterwards and broke them,
it was because they found them less hard from my blows
[that could not break them.

I have sung the sorrows of the man who cannot be of
[tomorrow
and who does not want to go on being of yesterday—
pangs that interest nobody but are felt

cuantos, como yo, no son de mañana ni de ayer,
y que están retratados en mis cantos,
con sus debilidades, sus dudas, sus anhelos,
y los frenos que no saben o no se atreven a romper.

Y si no gusto a los bardos de ayer y de mañana,
¡qué le vamos a hacer!

Es doloroso despreciar a quien se ama,
y desgarrador confesar lo que uno es
cuando otra cosa muy diferente, muy diferente quisiéramos
[ser.

Y es ridículo hablar de sí mismo cuando a nadie le importa.
La justificación es que yo hablo a nombre de una casta a
[punto de perecer.

Por eso me dirijo a la gente mezquina y triste,
de las rebeldías vergonzantes y tímidas,
de quien soy el poeta, el cantor por excelencia...
¡Oh, casta que se extingue, que naufraga,
en la devastadora tormenta
que se produce al choque del ayer con el mañana!

by those who, like myself, belong to neither tomorrow nor
                                                      [yesterday,
and who are portrayed in my songs
with their weaknesses, their doubts, their yearnings,
and the bridles they cannot or dare not break.

And if I do not please the bards of yesterday and of
                                                      [tomorrow,
what's to be done?

It is painful to disdain those one loves,
and heart-rending to confess what one is
when something very, very different we would like to be.

And it is ludicrous to talk about oneself when nobody
                                                      [cares.
My justification is that I speak for a breed on the verge of
                                                      [perishing.

This is why I address the mean, sad people
with their shaming and timid defiances;
of whom I am the poet, the minstrel par excellence...
O, dying breed, wrecked
in the devastating storm
born of the clash between yesterday and tomorrow!

BRUMAS SOBRE EL LAGO

Madre, para descansar, morir.
Manuel Machado

MIST OVER THE LAKE

Mother, in order to rest one must die.
Manuel Machado

TRISTITIA CADUCITATIS

¡Qué triste debe ser llegar a viejo
—vespertino crepúsculo en invierno—
y ver cómo se apaga poco a poco
el divino fuego,
y cómo nos invade la parálisis que trae con ella
la cordura estéril de la experiencia!

¡Ay del que no tenga su instante de loco!
¡Ay del que no sepa usar a tiempo
el impulso maravillosamente fecundo de la divina
[inexperiencia!

Luego, la armonía que se esfuma, que huye,
ante la invasora caducidad que llega
con su cortejo de claudicaciones y de impotencias:
las arrugas, los miembros que se entumen,
las venas abultadas,
los ojos sin brillo, la boca sin dientes,
la cabeza calva,
y tres cuartos de cuerpo sin alma.

¡Permanecer indiferentes
ante Afrodita que triunfante pasa,
o, suplicio peor, ardiendo en ansias,

TRISTITIA CADUCITATIS

   How sad it must be to get to be old
—vespertine twilight in winter—
and to see how, little by little,
the divine fire dies out,
and how we are invaded by the paralysis that brings with it
the barren good sense of experience!

Woe to him who does not have his moment of madness!
Woe to him who cannot use in time
the wonderfully fecund drive of divine inexperience!

Then, harmony that vanishes, that flees,
before the invading decrepitude which arrives
with its train of compromises and impotences:
wrinkles, numbed limbs,
bulky veins,
eyes without luster, mouth without teeth,
bald head,
and three quarters of a body without soul.

To remain indifferent
before Aphrodite who triumphantly passes by,
or, a worse torment, burning with desire,

sentirse inertes
para romper las ligaduras que nos atan!

¡Qué triste debe ser llegar a viejo
y metamorfosearse, de rebelde,
en cómodo verdugo de los sueños;
de superhombre, en melancólica serpiente,
y del bello pelícano del símbolo tierno,
en jardinero exclusivo del propio vientre!

Y si acaso se tuvo talento,
se impuso respeto,
se llegó a maestro,
mal usando del título extemporáneamente,
convertirse en la rémora de lo nuevo.
¡Qué tristemente feo es todo eso!

Sin embargo,
¡cómo me hacen soñar los ocasos!

to feel inertly unable
to break the fetters that bind us!

How sad it must be to get to be old
and be metamorphosed from a rebel
into a comfortable executioner of dreams;
from a superman into a melancholy snake,
and from the beautiful pelican of the tender symbol
into the exclusive gardener of our own belly!

And if perhaps we were talented,
made others respect us,
became masters
misusing the title inopportunely,
to turn into an obstruction for everything new.
How sadly ugly is all this!

Yet,
how sunsets make me dream!

ELLA...

¡Cuántas veces la he visto cruzarse en mi camino!
(Ahora mismo la siento a mi lado.)
¡Bajo cuántos aspectos diversos se me ha aparecido!
Pero siempre oculta a su espalda las manos.

Ayer era novia,
novia ardiente en su noche de bodas.
Hoy es una bruja,
bruja horrenda en la noche del sábado.
Y mañana será madre tierna,
madre generosa que a su infante busca
para dormirlo en su amante regazo...

No la temo, no. ¿Seguro?
Seguro. ¡Seguro!
No la evoco, no. ¡Es tan fea!
¿Tan fea? Tan fea.

Sin embargo, con harta frecuencia
me sorprendo *in fraganti* pensando
con fruición en ella. Es tan bella...
¿Tan bella? ¡Tan bella!
Si bien, lo confieso,
tengo mucho miedo

SHE...

How many times I have seen her crossing my path!
(Right now I feel her beside me.)
In how many different forms she has appeared to me!
But she always hides her hands behind her back.

Yesterday she was a bride,
a passionate bride on her wedding night.
Today she is a witch,
a horrendous witch on a Sabbath night.
And tomorrow she will be a tender mother,
a generous mother seeking her baby
to put him to sleep on her loving lap...

I do not fear her, no. Sure?
Sure. Sure!
I do not evoke her, no. She is so ugly!
So ugly? So ugly,

Still, all too often,
I catch myself *in fraganti* thinking
of her with enjoyment. She is so beautiful...
So beautiful? So beautiful!
Although, I admit it,
I am very much afraid

a lo que ella oculta detrás en sus manos.

En mis horas plácidas,
cuando logro un instante olvidarla,
si de súbito llega y, riendo,
me muestra su cara enigmática,
entonces...
(¿para qué negarlo?)
entonces,
bella o fea, me causa un miedo pánico.

of what she hides in her hands behind her.

In my placid hours,
when I succeed in forgetting her for an instant,
if she suddenly appears and, chuckling,
shows me her enigmatic face,
then...
(why should I deny it?)
then,
beautiful or ugly, she fills me with panic fear.

¿QUIEN SABE?

                Cuatro monos vienen,
                cuatro monos van,
                cuatro monos vienen
                por el arenal.

Bajo mis plantas la carcoma bate su rítmico tom–tom,
y la tierra, que era cuadrada, redonda y chata se volvió.

El hombre se caló sus espejuelos
y resucitó mil astros muertos.

El rey absoluto de todo
agoniza en un grano de polvo.

Por arrojarse de una mata al suelo
engendró al padre Adán un mono viejo.

Dios en el horizonte se perdía,
ya no se le notaba a simple vista.

Y el vientre solo, inane o repleto,
dicta la historia del mundo entero.

WHO KNOWS?

                              Four monkeys are coming,
                              four monkeys are going,
                              four monkeys are coming
                              over the sandy ground.

Beneath my feet the woodworm beats its rhythmic tom–tom,
and the Earth, which was square, became round and
                                             [flattened.

Man put on his glasses
and revived a thousand dead stars.

The absolute monarch of all
lies dying in a speck of dust.

Because of leaping from a tree to the ground,
an old ape begot father Adam.

God was disappearing over the horizon,
no longer distinguishable to the naked eye.

And the belly alone, empty or full,
dictates the history of the whole world.

El creó la ciencia y la ética,
y a Dios y a la patria y la estética.

Dios se perdió en la lontananza;
ni el telescopio a verle ya alcanza.

Esto se mueve desde siempre,
y esto hasta siempre se mueve.

Mas esto no es esto ni aquello,
ni aquello es aquello ni esto.

Ni ahora es ahora, ni siempre fue siempre,
ni luego es ahora ni luego ni siempre.

El porvenir ya no descansa en las rodillas del buen Dios.
Bajo mis plantas la carcoma bate su rítmico tom–tom.

                                      Cuatro monos vienen,
                                      cuatro monos van,
                                      cuatro monos vienen
                                      por el arenal.

Los brazos de la Anadiomena
son los de una lavandera
o los de una matrona burguesa.

Dante volvió del otro mundo
sin la venda, para encontrar
a Beatriz contenta y harta
entre los brazos de Don Juan.

Un niño tiene una manzana
y otro niño no tiene nada.
Le quitaron la fruta al primero
y en dos mitades la partieron.
Y el primero lloró de rabia
y el rencor asomó a su mirada.

It created Science and Ethics,
and God and Country and Aesthetics.

God was lost in the distance;
not even the telescope can see him now.

All this is moving since ever,
and all this is moving forever.

But this is not this nor that,
nor is that that nor this.

Nor is now now, nor was always always,
nor is then now nor then nor ever.

The future no longer rests on the lap of the good Lord.
Beneath my feet the woodworm beats its rhythmic tom–tom.

                        Four monkeys are coming,
                        four monkeys are going,
                        four monkeys are coming
                        over the sandy ground.

The arms of Anadyomene
are those of a washerwoman
or of a bourgeois matron.

Dante came back from the other world,
without the blindfold, to find
Beatrice, pleased and sated,
in the arms of Don Juan.

A child has an apple
and another child has nothing.
They took the fruit from the first one
and divided it into halves.
And the first one cried with rage,
and rancor showed in his eyes.

Arqueologista futurísimo
creyó paciente descifrar
inscripciones mil–milenarias
desenterradas por azar.
Y supieron cuatro curiosos
de un remoto varón de luz,
aunque ignorando si su nombre
era Gautama o era Jesús.

Cura las llagas de un leproso con la más tierna abnegación
una cándida favorita del harem de nuestro Señor.
Su alma está fija en el cielo
en donde la aguarda su dueño;
nostálgica de la otra vida
con amor unge las heridas.
Hermanita, si no hubiera cielo,
¿seguirías en el lazareto?

                                      Cuatro monos vienen,
                                      cuatro monos van,
                                      cuatro monos vienen
                                      por el arenal.

En el desierto se alza un monolito
que reta al cielo desde el pedestal
de cartón–piedra, y en sus cuatro ángulos
los cuatro monos sentáronse a pensar.

Patinando en el aire venía desde lejos
repique desbocado de innúmeras campanas,
que con estrepitoso entrechocar de hierros
repiten y repiten unas mismas palabras:

Una campana repica: 'la Vida',
otra campana repica: 'el Amor',
otra campana repica: 'Plus Ultra',
y otra campana retumba: '¡No!'

The Sterile Seed

An ultrafuture archeologist
thought he had patiently deciphered
some multimillenary inscriptions
unearthed by chance.
And four busybodies learned
about a distant man of light,
although not knowing whether his name
was Gautama or Jesus.

With the tenderest self-denial an innocent favorite
of our Lord's harem dresses the ulcers of a leper.
Her soul is fixed on heaven,
where her master awaits her;
longing for the afterlife,
lovingly she anoints the wounds.
Little sister, if there were no heaven,
would you stay in the lazaret?

>   Four monkeys are coming,
>   four monkeys are going,
>   four monkeys are coming
>   over the sandy ground.

In the midst of the desert a monolith rises
defying heaven from its pasteboard pedestal,
and on its four corners the four monkeys
sat down to think.

Sliding through the air, there came from afar
a runaway ringing of countless bells
that, with a deafening clash of irons,
repeat over and over the same words:

One bell rings: 'Life',
another bell rings: 'Love',
another bell rings: 'Plus Ultra',
and another bell tolls: 'No!'

EL SOL MORIRA...

El sol morirá de viejo...
Mas nunca alzarán el vuelo
las garzas de mis anhelos
y los murciélagos negros
de mis malos pensamientos.

La llama de mis deseos
no abrasará la maleza
del monte de tus deseos.

¡Oh, quién pudiera aburrirse
en los llanos de ultracielo!
Vulgar trinidad burguesa,
en los llanos de ultracielo;
con una sonrisa idiota
vagando *per in aeternum*;
las manos siempre cogidas
en los llanos de ultracielo.

Mas yo apagaré mi vela
y el sol su bombillo eléctrico,
y aquí no ha pasado nada,
¡no hay llanos en ultracielo!

THE SUN WILL DIE...

The sun will die of old age...
But the herons of my longings
and the black bats
of my bad thoughts
will never take flight.

The flame of my desires
will not burn the thicket
on the mount of your desires.

Oh, who could grow bored
on the plains of ultraheaven!
A vulgar bourgeois trinity
on the plains of ultraheaven;
with an idiotic smile
wandering *per in aeternum*;
ever holding each other's hands
on the plains of ultraheaven.

But I shall put out my candle,
and the sun its electric bulb,
and nothing has happened here.
There are no plains in ultraheaven!

Sembraron en tierra virgen
la planta feraz del miedo.
Tiene raíces de aroma(82)
la planta sutil del miedo.
Siembras nuevas suplantaron
a los bejucos del miedo,
pero unas cuantas raíces
quedaron en infrasuelo,
¡quién sabe si al fin a todas
ahogue la planta del miedo!

Ansias de liberaciones
y sueños de astrales vuelos;
quimeras de asolizajes
en remotos soles muertos.

Cuando Adán montaña arrlba
no clave el alma en el suelo,
entonces será la hora
de alzar los ojos al cielo.
Pero Adán morirá joven
y el sol morirá de viejo,
y no habrá más garzas blancas
ni más murciélagos negros.

Dice la trompa agorera
de los augures hodiernos
que faltan millones de años
para que muera ese viejo.
¡Animo, pues, pobre diablo!
¡Al yunque, al bozal, al freno,
para que sean dichosos
los biznietos de tus nietos!

¡Y sin las cándidas garzas,
y sin llanos de ultracielo,
y sin malezas ni llamas
y sin murciélagos negros,

The Sterile Seed

They sowed in virgin soil
the fruitful plant of fear.
It has roots of *aroma*[120]
the subtle plant of fear.
New sowings replaced
the weeds of fear,
but a few of the old roots
remained in the infrasoil.
Who knows whether finally the plant of fear
will smother everything else!

Yearnings for liberations
and dreams of astral flights;
chimeras of sun–landings
on remote dead suns.

When Adam, scaling the mountain,
ceases fixing his soul on the ground,
then will the time have come
for looking up towards heaven.
But Adam will die young,
and the sun will die of old age,
and there will be no more white herons
nor any more black bats.

The modern augurs say,
through their divining trumpet,
that millions of years will pass
before the old fellow is dead.
Courage, then, you, poor devil!
To the anvil, to the muzzle, to the bridle,
that the great–grandchildren
of your grandchildren may be happy!

And without white herons,
and without ultraheaven plains,
and without thickets or flames,
and without black bats,

y con raíces de aroma
metidas hondo en el suelo!

and with roots of *aroma*
deeply sunk in the soil!

TARDE O TEMPRANO

    Si no me parte un rayo, vendrá por fin el día
en que un buen matasano circunspecto
arriesgará una negra profecía
monosilábica, en un 'no' discreto.

Y habrá ese día en toda la casa
profusión de querellas y lágrimas
que quizá se prolongue unas semanas.

No volveré a purgarme el alma
con mi lirismo chabacano,
ni a aliviar con jarabe de ensueño
el crónico mal del fracaso.

Ante el horror de no seguir mintiendo,
despertarán tal vez dormidos miedos
para solo provecho de unos cuervos.

Demiurgo ruin, ejerceré a conciencia
la facultad fatal, por vez postrera,
de provocar en torno a mí la pena.

¡El pavor de los ojos que se quedan!

SOONER OR LATER

If lightning doesn't strike me dead, the day will come at
[last
when a good circumspect quack[121]
will risk a black monosyllabic prophecy
in a discreet 'no'.

And that day there will be in the whole house
a profusion of wailings and tears
that may last for a few weeks, perhaps.

I shall never again purge my soul
with my homely lyricism,
nor assuage, with a syrup of dreams,
the chronic malady of failure.

At the horror of not continuing to lie,
dormant fears may perhaps be awakened,
to the profit alone of some ravens.

Mean demiurge, I will conscientiously exert
for the last time the fatal faculty
of arousing grief around me.

The terror of the eyes one leaves behind!

¡El pavor del minuto que se allega!
¡El pavor del pavor cuando se piensa!

Y el que busque de un dios el rastro,
hallará solamente, por acaso,
un montón de versos prosaicos.

The terror of the approaching minute!
The terror of terror when one thinks about it!

And he who looks for the trace of a god
will only find, by chance,
a heap of prosaic verses.

EXITUS

Mañana será otro día.
Refranero popular

EXITUS

Tomorrow will be another day.
Popular saying

Y YA BASTA...

... Y ya basta de versos.
                        Me torturaron
con fruiciosas caricias;
y yo los torturé con mi arbitrario
modo de usar sus generosidades.
En justicia,
estamos a veintinueve iguales[83].

Ya os dejo...
                Gracias, deliciosos cármenes,
por haberme servido de instrumento
para arrojar mi carga.
¡Me siento ahora mucho más ligero!
Y al afirmar que os dejo,
ignoro si es *adiós* o *hasta mañana*.

AND THAT'S ENOUGH...

... And that's enough of verses now.
                    They tortured me
with their pleasurable caresses;
and I tortured them with my arbitrary way
of making use of their generosities.
In all fairness,
we have come out even.

I am leaving you now...
                    Thank you, delicious stanzas,
for having served me as an instrument
for throwing off my load.
I feel now a great deal lighter!
And when I affirm that I am leaving you,
I don't know whether it's *farewell* or *until tomorrow*.

NOTAS

1. Referencia a tres personajes que tuvieron que irse de Cuba tras una quiebra general en los años veinte.
2. Alusión a la humildad de San Francisco y la altivez de Friedrich Nietzsche.
3. Pacheco, un personaje creado por el novelista portugués José María Eça de Queiroz, y Regüiferos, un político cubano; ambos, presuntuosas nulidades.
4. El poeta cubano Rubén Martínez Villena compuso un poema en que exonera al corazón de toda connotación sentimental.
5. Quinta, clínica. Del uso de establecer clínicas en antiguas quintas.
6. De 'el muerto al hoyo y el vivo al pollo', variante del proverbio 'el muerto a la fosada y el vivo a la hogaza'.
7. Alusión al poeta Rubén Darío, quien vistió como un monje cartujo en una cartuja de Mallorca.
8. Jerga cubana. Negocio fraudulento, especialmente por parte de funcionarios públicos.
9. Jerga cubana. Sinecura, especialmente la otorgada por funcionarios públicos a sus seguidores.
10. Ver nota 3
11. $1,000 al año ($83.33 al mes) era el sueldo normal de un empleado público.
12. Alusión a *El Encanto*, una elegante tienda de departamentos de La Habana.
13. Traje ya hecho, de tela barata. Hácese alusión al dril–100.
14. Un elegante cabaret de La Habana.
15. Apelativo tradicional de asociaciones habaneras de beneficencia y

recreo.

16. 'Academias de baile', centros baratos de baile en La Habana.
17. La última tanda, 'elegante', en los cinematógrafos de La Habana.
18. Especie de coñac de baja calidad.
19. Bebida hecha con ginebra.
20. Una taza de café con leche y pan con mantequilla. Hácese alusión a la inmersión del pan.
21. Frase familiar cubana que signiflca 'jactarse' o 'autoelogiarse'.
22. Familiar, *trabajo*, *empleo*.
23. *Quilo* o *kilo*, regionalismo, *centavo*, *céntimo*.
24. *Medio*, regionalismo, moneda de cinco centavos.
25. Regionalismo, *campesino*.
26. *Bolo*, familiar, *peso* (moneda).
27. Pez que nada entre dos aguas; figuradamente, persona que no se compromete.
28. De las guerras de independencia.
29. Alusión al periódico cubano *El Sol* y a uno de sus directores, un brillante escritor de los años veinte.
30. Jerga, golpe dado con el pañuelo a manera de látigo.
31. Solar. Casa pobre de vencindad.
32. Dios o espíritu afrocubano.
33. Dios o espíritu afrocubano.
34. Dios o espíritu afrocubano.
35. Corrupción de *taburete*, empleado como regionalismo con la acepción de silla rústica de cuero y madera.
36. *Cuquear*, regionalismo, *provocar*.
37. Sobrenombre de las sillas verdes de hierro por cuyo uso había que pagar en el parque, mientras que los bancos de madera eran de uso libre.
38. Ver nota 23,
39. Un notorio burdel de La Habana.
40. Alusión a los nombres de las calles.
41. Una prostituta muy popular.
42. Alusión al distrito de Versalles, de Matanzas.
43. El millonario estadounidense Hershey poseía muchas propiedades en el distrito matancero de Versalles.
44. Se solía llamar a Matanzas 'la Atenas de Cuba'.
45. El general Gerardo Machado, presidente, solía ir a Matanzas a divertirse.

46. Alusión al patriota cubano Ignacio Agramonte y su rescate del general Julio Sanguily de superiores fuerzas españolas.
47. El poeta Rubén Darío.
48. Regionalismo, 'natural de la ciudad de Santa Clara', a través de 'los bautizados en la pila de agua bendita de la catedral de la ciudad'.
49. Dios afrocubano.
50. Vieja tonada popular que se convirtió en canción militante del Partido Liberal de Cuba, agrupación posteriormente identificada con el caciquismo político. *Chambelona*, regionalismo, dulce de caramelo adosado a la punta de una varilla.
51. Familiar, las guerras de independencia.
52. José Miguel Gómez, presidente cubano miembro del Partido Liberal.
53. Evaristo Estenoz y Pedro Ivonet, líderes de una revuelta negra en 1912.
54. Solar. Ver nota 31.
55. Jerga, cabeza,
56. Botella. Ver nota 9.
57. De la letra de *La Chambelona*.
58. Machadista. Partidario del dictador Gerardo Machado.
59. Ramón Grau San Martín, un presidente popular.
60. Referencia a la ley de Grau que garantizaba a los ciudadanos cubanos al menos el cincuenta por ciento de los empleos.
61. Nombre regional alterno de *güira*. Familiar, *cabeza*.
62. Ver nota 25.
63. Jerga negra, *silencio* (como orden).
64. *Tumbar*, jerga, *ganar*.
65. Bocado típico cubano consistente en carne picada comprimida y frita, entre dos pedazos de pan. Figuradamente, *el sustento*.
66. Familiar, *cabeza*.
67. Alusión a la frase *rinnovarsi o morire* (*renovarse o morir*), del escritor italiano Gabriele D'Annunzio.
68. Rubén Martínez Villena fue un magnífico poeta y líder cívico y revolucionario de la generación de Tallet.
69. Alusión a la novela de Henri Murger *Escenas de la vida bohemia*.
70. El nombrado ocupaba un cargo público relativo a asuntos cultu-

rales.

71. El nombrado fue uno de los dos editores de un libro de poemas selectos de autores cubanos.

72. Ver nota 24.

73. Antonio Maceo, héroe mulato de las guerras de independencia de Cuba.

74. Famoso cirujano cubano.

75. Familiar, lotería popular clandestina.

76. Ubicación de la cárcel de La Habana en la época.

77. Ubicación de la penitenciaría de La Habana, en un castillo colonial en la loma del Príncipe.

78. Jerga, *cualquier cosa*.

79. La constitución cubana de 1928 prorrogó los poderes del presidente Gerardo Machado, quien devino dictador.

80. *El trato del esqueleto*, expresión familiar que significa un trato injusto para una de las dos partes, de la frase obscena que rima con la primera y explica el asunto: *Tú me la mamas y yo te la meto*.

81. Familiar, el mar. En este caso, el Océano Atlántico, en referencia a la influencia de ideas europeas.

82. *Aroma* o *marabú* (*Cailleia glonerata*), planta nociva, muy difícil de desarraigar.

83. *Estar a veintinueve iguales*, familiar, estar parejos o empatados, especialmente en el momento culminante. En referencia al juego de jai–alai.

NOTES

1. Allusion to an old saying that some trees grow to be carved into religious images; others, to be made into charcoal.
2. Reference to three Cuban bigwigs who had to leave the country after a general bankruptcy in the twenties.
3. Double meaning. Allusion to the Spanish meaning of *farol* (lantern, lamp) as *bluff*.
4. Allusion to the humility of Saint Francis and the haughtiness of Friedrich Nietzsche.
5. Allusion to François Guizot's doctrine of the *just mean*.
6. Argentine sociologist José Ingenieros was the author of a book entitled *El hombre mediocre* (*The Mediocre Man*).
7. Pacheco, a character created by Portuguese novelist José María Eça de Queiroz, and Regüiferos, a Cuban politician; both of them, pretentious nobodies.
8. *Sic* in the original.
9. Cuban poet Rubén Martínez Villena wrote a poem exonerating the heart from any sentimental connotations.
10. A Spanish–Cuban writer, mainly of short stories.
11. In Spanish, *Pitágoras* rhymes with *mandrágoras*— mandrake.
12. Colloquial expression in horse racing.
13. From a variation of the Spanish proverb— *El muerto a la fosada y el vivo a la hogaza* (The dead to the grave and the living to the loaf). The variation says: *El muerto al hoyo y el vivo al pollo* (*The dead to the hole and the living to the chicken*).

14. The pronouns *he* and *she*, and their variants, correspond to the Spanish feature of genderizing objects (*oil* being masculine and *water* feminine). They are used instead of *it* in the English translation because in the fable the water and the oil are personified.

15. Allusion to poet Rubén Darío, who dressed as a Carthusian monk in a Carthusian abbey at Mallorca.

16. Play on words in Spanish.

17. Don Quixote.

18. *Chivo* (*kid —goat—*), a Cuban slang word meaning a fraudulent business, especially by government officials.

19. *Botella* (*bottle*), a Cuban slang word meaning a sinecure, especially that given by government officials to their followers.

20. *Ponerle rabo a alguien* (*to stick a tail on somebody*). Colloquial for 'to put someone in a ridiculous situation', 'to make fun of somebody'.

21. See note 7.

22. $1,000 a year ($83.33 a month) was the standard salary for a government clerk.

23. Allusion to a fashionable department store in Havana, *El Encanto* (*The Enchantment*, also translatable as *The Charm*).

24. A ready–made suit of cheap cloth. Allusion is made to drill–100, an excellent white material in much use among wealthy men.

25. A fashionable Havana night–club.

26. The traditional description of Spanish beneficent and entertaining associations in Havana.

27. Cheap dancing–places in Havana ('dance academies').

28. The fashionable late show in Havana movie houses.

29. A kind of cheap brandy.

30. A beverage made with gin.

31. A cup of coffee and milk with buttered bread. Allusion to the dunking of the bread.

32. Allusion to Don Juan (John).

33. Formerly a Cuban Indian hut. Later, the typical house of the Cuban poor peasant.

34. Any of the numbers of the lottery, which used to be sold on the streets.

35. Allusion to the selling of the vote by poor citizens.

36. Play on words in Spanish: *Bread— pan*; *bang— pam*.
37. Regionalism, Cuban peasant.
38. Colloquial, deprecative. A minor bureaucrat.
39. Of the wars of independence.
40. An elegant quarter of Havana.
41. *Sic* in the original. Five o'clock tea.
42. A sometime smart hotel in Havana.
43. Allusion to the Cuban newspaper *El Sol* (*The Sun*) and to one of its editors, a brilliant writer of the twenties.
44. Allusion to the Spanish proverb that 'an egg-sucking dog [will not cease sucking eggs] even if you burn its snout'.
45. Allusion to old age.
46. Irregular nickname for *José* (*Joseph*).
47. Irregular nickname for *José* (*Joseph*).
48. Irregular nickname for *José* (*Joseph*).
49. Irregular nickname for *Encarnación* (*Incarnation*).
50. Afro–Cuban god or spirit.
51. Afro–Cuban god or spirit.
52. Afro–Cuban god or spirit.
53. Play on words. *Matanzas*, the name of the city, means *slaughters*.
54. Allusion to the meaning of a sung 'off-key note' of the Spanish word for *rooster— gallo*.
55. Allusion to the colloquial expression 'cutting a suit of clothes', meaning criticizing and gossiping.
56. Nickname for the green iron chairs in the park. A fee had to be paid for the use of these, while the wooden benches were free.
57. Social club.
58. A notorious Havana brothel.
59. Allusion to the names of the streets.
60. A very popular prostitute.
61. Allusion to the Versalles section of Matanzas.
62. American millionaire Hershey possessed much property in the Versalles section of Matanzas.
63. Matanzas used to be called 'the Athens of Cuba'.
64. General Gerardo Machado, a president, used to go to Matanzas to carouse.

65. Allusion to Cuban patriot Ignacio Agramonte and his rescue of general Julio Sanguily from superior Spanish forces.

66. Nicaraguan poet Rubén Darío, one of the most prominent figures in Spanish poetry, was the acknowledged master of the literary school known as Modernism.

67. A poem of politico-social satire pertaining to Cuban politics of the thirties, it is written in Afro-Cuban slang.

68. Regionalism, 'native of the town of Santa Clara', referring to 'those baptized with the holy water basin (*pila*) of the city's cathedral'.

69. *Sudar tinta*. Colloquial. It means making a great effort or being in a tough predicament.

70. Afro-Cuban god.

71. Old popular tune that became a partisan song of the Cuban Liberal Party, a group later associated with political bossism. The song's title was *La Chambelona* (regionalism, *The Lollypop*).

72. Peseta, a twenty-cent Cuban coin.

73. Colloquial, wars of independence.

74. José Miguel Gómez, a Cuban president, member of the Liberal Party.

75. Evaristo Estenoz and Pedro Ivonet, leaders of a Negro revolt in 1912.

76. Slang, *head*.

77. See note 19.

78. From the words of *La Chambelona*.

79. Partisan of dictator Gerardo Machado.

80. Ramón Grau San Martín, a popular president.

81. Refers to Grau's law assuring Cuban citizens at least fifty per cent of jobs.

82. Nickname for *Ramón*.

83. Alternate regional name for *güira*, calabash (fruit). Colloquial, *head*.

84. See note 37.

85. Negro slang, *hush*.

86. Calabash (fruit). Colloquial, *head*.

87. *De la honda a la onda*, play on words in Spanish.

88. Familiar Spanish saying, meaning 'a daily and irritating occupation'.

89. A pun on the Spanish saying 'nothing between two dishes', meaning 'much ado about nothing'.

90. Perfect rhyme in Spanish: *Psiquis y Valmikis, ¡vaya un tiquismiquis!*

91. American.

92. Cabbage.

93. Allusion to a mocking Spanish parody of the aria *La donna e mobile* from the opera *Rigoletto*.

94. Allusion to the Spanish proverb 'from such a log, such a splinter'.

95. See note 66.

96. Allusion to Italian writer Gabriele D'Annunzio's phrase *rinnovarsi o morire (to renew oneself or die)*.

97. Rubén Martínez Villena was a fine poet and civic and revolutionary leader of Tallet's generation.

98. In the Spanish tradition, children are left gifts in their shoes, and beside their beds, on Epiphany morning.

99. Allusion to the Spanish saying 'to close with a golden clasp'—to finish something very successfully.

100. See note 38.

101. Allusion to the classical poets, who used in Spanish, for their characters, names like *Filis (Phyllis)*, now obsolete in this language.

102. Allusion to Henri Murger's novel *Sketches of Bohemian Life*.

103. The addressee had a government position pertaining to cultural affairs.

104. The addressee was one of the two editors of a book of selected poems by Cuban authors.

105. Spanish romantic poet Gustavo Adolfo Bécquer.

106. An alexandrine verse in Spanish has fourteen poetic syllables.

107. Antonio Maceo, a mulatto hero of the Cuban wars of independence.

108. See note 66.

109. The Italian Filippo Tomasso Marinetti, leader of the Futurist literary movement.

110. Famous Cuban surgeon.

111. Site of Havana jail at the time.

112. Site of a Havana penitentiary, in a colonial castle on Príncipe (Prince) hill.

113. *Sic* in the original.
114. Slang, *anything*.
115. Slang, 'a vulgar girl'.
116. Augusto César Sandino, a Nicaraguan guerrilla chieftain.
117. Cuba's 1928 constitution extended the powers of president Gerardo Machado, who became a dictator.
118. *El trato del esqueleto*, colloquial expression meaning a deal unfair for one of the two parties, from the obscene rhyming line explaining it: *Tú me la mamas y yo te la meto (you suck me off and I screw you)*.
119. Colloquial, the sea. In this case, the Atlantic Ocean, in reference to the influence of European ideas.
120. *Aroma* or *marabú (Cailleia glonerata)*, an noxious plant, very hard to uproot.
121. In the original, *matasano (killer of the healthy)*, colloquial derogatory designation for a physician.

BIBLIOGRAFIA

BIBLIOGRAPHY

BIBLIOGRAFIA PARCIAL DE JOSE Z. TALLET
PARTIAL BIBLIOGRAPHY OF JOSE Z. TALLET

Antologías   Anthologies

Ballagas, Emilio: *Antología de la poesía negra hispanoamericana*, Madrid, 1935.
Berdiales, Germán: *Las cien mejores poesías regionales de la lengua castellana*, Buenos Aires, 1945.
Caillet-Bois, Julio: *Antología de la poesía hispanoamericana*. Madrid, 1958.
Feijoo, Samuel: *Panorama de la poesía cubana moderna*, Santa Clara, 1967.
Galano, Francisco: *Los grandes poetas*, Santiago de Chile, 1947.
Guirao, Ramón: *Orbita de la poesía afrocubana*, La Habana, 1938.
Jahn, Janheinz: *Rumba Macumba*, Munich, 1957.
Jiménez, Juan Ramón: *La poesía cubana en 1936*, La Habana, 1937.
Latino, Simón: *Los mejores versos de la poesía negra*, Buenos Aires, 1956.
Laurel: *Antología de la poesía moderna en lengua española*, México, 1941.
Lizaso, Félix; Fernández de Castro, José Antonio: *La poesía moderna en Cuba*, Madrid, 1926.
Matus, Eugenio: *Poesía hispanoamericana en los siglos XIX y XX*, La

Habana, 1963.
Onís, Federico de: *Antología de la poesía española e hispanoamericana*, Madrid, 1934.
Panero, Leopoldo: *Antología de la poesía hispanoamericana*, Madrid, 1944.
Sáenz Díaz, J.: *Lira negra*, Madrid, 1945.
Vitier, Cintio: *Cincuenta años de poesía cubana*, La Habana, 1952.
— *Los mejores poemas cubanos*, La Habana, 1959.

Referencias (libros)   References (books)

Anderson Imbert, Enrique: *La literatura hispanoamericana*, México, 1954.
Araquistaín, Luis: *La agonía antlllana*, La Habana, 1961.
Arrom, Juan José: *Estudios de literatura hispanoamericana*, La Habana, 1950.
Augier, Angel: *Facetas de la vida republicana: La literatura*, La Habana, 1954.
Balbuena, Angel: *Literatura hispanoamericana*, Barcelona, 1962.
Barrero Morell, Amparo; Sabourin Fornaris, Jesús: *Dos ensayos*, Santiago de Cuba, 1967.
Bělic, Oldrich: *O Kubáské Literature*, Praha, 1964.
Bueno, Salvador: *Historia de la literatura cubana*, La Habana, 1954.
— *Medio siglo de literatura cubana*, La Habana, 1953.
— *Temas y personajes de la literatura cubana*, La Habana, 1964,
Coulthard, G. R.: *Raza y color de la literatura antillana*, Sevilla, 1958.
Editorial Futuro: *Diccionario enciclopédico de las Américas*, Buenos Aires, 1947.
Farías, Javier: *Literatura universal*, Buenos Aires, 1947.
Feijoo, Samuel: *Azar de lecturas*, Santa Clara, 1961.
Fernández de Castro, José Antonio: *Tema negro en las letras de Cuba*, La Habana, 1945.
Fernández Retamar, Roberto: *Poesía contemporánea en Cuba*, La Habana, 1954.

Ferro, Helen: *Historia de la poesía hispanoamericana.*
Henríquez Ureña, Max: *Breve historia del modernismo*, México–Buenos Aires, 1954,
— *Panorama histórico de la literatura cubana*, San Juan, 1963,
Henríquez Ureña, Pedro: *Literary Currents in Hispanic America*, Cambridge, Massachusetts, 1946.
Jahn Janheinz: *Umrise der Neoafrikanischen Kulture*, Düsseldorf–Köln, 1958. (Trans.: *Las culturas neoafricanas*, México–Buenos Aires, 1963.)
Laguizamón, Julio: *Historia de la literatura hispanoamericana*, Buenos Aires, 1945,
Larousse: *Pequeño Larousse ilustrado* (dic.), París.
Lazo, Raimundo: *La literatura cubana: Esquema histórico*, La Habana, 1967.
Lizaso, Félix: *Panorama de la cultura cubana*, México, 1949.
Marinello, Juan: *Literatura hispanoamericana*, México, 1937.
— *Poética*, Madrid, 1933,
Martin, P. A.: *Who is Who in Latin America.*
Millares Carlo, A.: *Historia universal de la literatura*, México, 1949,
Minchero, Angel: *Diccionario universal de escritores.*
Olivera, Otto: *Breve historia de la literatura antillana*, México, 1957.
Onís, Federico de: *España en América*, Madrid, 1955.
Pascual, J. A.: *Peñas y tertulias*, La Habana, 1964.
Portuondo, José A.: *Bosquejo histórico de las letras cubanas*, La Habana, 1960.
— *Crítica de época*, Santa Clara, 1965.
— *Curso de introducción a la historia de Cuba. La república: evolución cultural*, La Habana, 1938.
— *Proceso de la cultura cubana*, La Habana, 1938.
Prampolini: *Historia universal de la literatura.*
Remos, Juan J.: *Historia de la literatura cubana*, La Habana, 1945.
— *Panorama literario de Cuba en nuestro siglo*, La Habana, 1942.
Roig de Leuchsenring, Emilio: *El Grupo Minorista*, La Habana, 1961.
Saínz de Robles, F. C.: *Diccionario de la literatura*, Madrid, 1954.
Sánchez, Luis Alberto: *Historia de la literatura americana*, Santiago de Chile, 1942.

— *Nueva historia de la literatura americana*, Buenos Aires, 1944.
Torres-Rioseco, A.: *The Epic of Latin American Literature*, New York, 1942.
Torriente, Loló de la: *Mi casa en la tierra*, La Habana, 1956.
U. T. E. H. A.: *Diccionarlo enciclopédico UTEHA*, México, 1952.
(Var.): *Historia de la nación cubana*. ('La lírica cubana en el slglo XX').
Varela, J. L.: *Ensayo de una poesía indígena de Cuba*, Madrid, 1951.
Vitier, Cintio: *Lo cubano en la poesía*, La Habana, 1958.

Referencias (artículos)   References (articles)

Ardura, Ernesto: 'La Semilla Estéril', *Revista Cubana*, La Habana, 1951.
Bueno, Salvador: 'José Z. Tallet', *El Mundo del Domingo*, La Habana, 1965.
— 'Medio siglo de poesía cubana', *Mensuario de la Dirección de Cultura*. La Habana, 1950.
Campoamor, Fernando: 'Tres poetas mayores', *Bohemia*, La Habana, 1966.
Casanovas, Martín: 'Orbita de la *Revista de Avance*', *Unión*, La Habana, 1965.
Chacón y Calvo, José M.: 'José Z. Tallet', *Baraguá*. La Habana, 1937.
Coloma, Fidel: 'La Semilla Estéril de José Z. Tallet', *Atenea*, Santiago de Chile, 1953.
Domenchina, J. J.: 'Antología de la poesía negra hispanoamericana', *Información*, La Habana.
Entralgo, Elías: 'José Z. Tallet: La Semilla Estéril', *Revista de la Universidad de la Habana*, 1952.
Far: 'La Semilla Estéril', *Libros de Hoy*, Buenos Aires, 1952.
Feijoo, Samuel: 'Poesías 'sentimentales' de José Tallet', *El Mundo del Domingo*, La Habana, 1967.
Fernández de Castro, José A.: 'Positivos: José Z. Tallet', *Social*, La Habana, 1929.
Gómez, José Jorge: 'Voces en la poesía cubana', *Presencia*, La

Habana, 1958.
Guerra Flores, José: 'La poesía de Tallet', *Diario de la Marina*, La Habana, 1958.
— Poetas cubanos: José Z. Tallet', *El Mundo*, La Habana, 1962.
Herrero, Gustavo Galo: 'José Z. Tallet', *Suplemento de Excelsior*, La Habana, 1951.
Marinello, Juan: 'Veinticinco años de poesía cubana', *Bohemia*, La Habana, 1934.
Martínez Bello, Antonio: 'Versos de José Z. Tallet', *Revista de la Biblioteca Nacional*, La Habana, 1955.
Oliver Labra, Carilda: 'Un poeta que oculta la poesía tras la poesía', *Suplemento de Excelsior*, La Habana, 1951.
Orovio, Helio: 'Hablando con José Z.', *El Caimán Barbudo*, La Habana, 1967.
— José, Regino y Manuel', *El Mundo*, La Habana.
— 'Tallet y la antipoesía', *Unión*, La Habana, 1966.
Ortiz, Fernando: 'Más acerca de la poesía mulata: escorzos para un estudio', *Revista Bimestre Cubana*, La Habana, 1936.
Rodríguez Rivera, Guillermo: '¿Por qué Rubén?', *El Caimán Barbudo*, La Habana, 1966.
Roig de Leuchsenring, Emilio: 'Los nuevos: José Z. Tallet', *Social*, La Habana, 1926.
Roura, Lauro: 'Dar con la poesía', *El Mundo*, La Habana, 1966.
Suárez, Adolfo: 'A propósito de la antipoesía', *El Mundo*, La Habana, 1960.
Tallet, Jorge: 'José Z. Tallet, poeta', *Nueva Revista Cubana*, La Habana, 1960.
Torriente, Loló de la: 'La poesía de José Z. Tallet', *Alerta*, La Habana, 1951.
— 'Tallet, poeta del sarcasmo y de la burla', *El Mundo del Domingo*, La Habana, 1966.
Velasco, Santiago: 'La semilla fecunda', *Suplemento de Excelsior*, La Habana, 1951.
Vitier, Cintio: 'Recuento de la poesía lírica en Cuba', *Revista Cubana*, La Habana, 1951.

Y0-CUN-200